琉球共和国憲法の喚起力

仲宗根勇・仲里効 編

未來社

琉球共和国憲法の喚起力◇目次

第一部　反復帰論から構成的〈力〉の思想へ

第二部　危機の時代の生成する磁場のために

琉球共和国憲法の喚起力

装幀——中島 浩

第一部　反復帰論から構成的〈力〉の思想へ

琉球共和国憲法F私（試）案（部分）

〔前文〕

① 数世紀にわたり中国、日本及び米国の封建的、帝国主義的支配のもとに隷属させられ、搾取と圧迫とに苦しめられたわれら琉球共和国の人民は、[注釈(一)2] 今回困民主義革命[注釈(一)3]の世界的発展の中に、ついに多年の願望たる独立と自由を獲得する道についた。[注釈(一)1]

〔注釈《コンメンタール》〕

(一)1 あやまつことのみ多かりしかのゼンエイの党が、歴史上ただ一度、正しきことをのたまった歴史的メッセージからの、著作権侵害一歩手前の無断拝借文。すなわち、一九四六年二月、日本共産党第五回党大会採択〝沖縄民族の独立を祝う〟メッセージ、左のごとく言えり。

……数世紀にわたり日本の封建的支配のもとに隷属させられ、明治以後は日本の天皇制帝国主義の搾取と圧迫とに苦しめられた沖縄人諸君が、今回民主主義革命の世界的発展の中に、ついに多年の願望たる独立と自由を獲得する道につかれた……

(一)2　「われら琉球共和国の人民は」という表現は、××年前わが共和国人民が、サンフランシスコ条約第三条の里子に出され、ありがたきデモクラシー教育をしていただいたアメリカ合衆国の憲法前文にその淵源《えんげん》を持つ。法理学上、制憲権の主体が人民にありとする民定憲法たることを、宣言するものである。

(一)3　困民主義とは、今回の琉球共和国成立の動因となった革命の指導的思想。民主主義革命の歴史的任務の終了、それに打ち続いた社会主義革命の官僚制国家資本主義的堕落という歴史的現実を踏まえ、古くはアナルコ＝サンディカリズム、そして社会主義国家連合軍によって圧殺された一九八〇年代ポーランド労働者運動の歴史的痛憤を背負って、人民の参加と自主管理によって、〝無政の郷《コンミューン》〟を樹立しようとする歴史哲学にほかならない。

なお附言すれば、「困民」なる語は、第三次世界大戦後の現今、米国及びソヴィエト＝中国連合国によって併呑消滅せしわがかつての兄弟国〝日本〟の

②　われら琉球共和国の人民は、より完全な連邦を形成し、正義を樹立し、国内の静穏を保障し、一般の福祉を増進し、われらとわれらの子孫のために、困民主義諸国民との協和による成果と、わが国全土にわたって自由のもたらす恵沢を確保し、政府の行為によって四たび戦争の惨禍が起ることのないようにすることを確保する目的をもって、琉球共和国のために、この憲法を制定する。注釈(二)

③　われらは、いずれの国家も、自国のことのみに専念して他国を無視してはならないのであって、

国権がいまだ安定せざりし明治一七年、秩父の谷間から蜂起した秩父困民党に由来すると説く説もあるが、かなり少数説。

(二)本項は前出アメリカ合衆国憲法前文と日本国憲法前文第一項の混血的表現をとってはいるが、それは表現のみを借用しただけで、困民主義革命を経た現在、その意味する内実の落差は、ほとんど決定的なものである。すなわち、前二者がいわば、〝表見的立憲制〟を定めたにすぎないのにたいし、本項には、文字どおりの〝実質的立憲制〟の精神が、脈々と息づいている。

(三)一九××年、第三次世界大戦によって、人類滅亡の危機に瀕した各国は、ようやく地球連合政府の構想に、人類存続の夢をかけたが、なお強固に残存している非困民主義諸国の抵抗も根強い。困民主義革命を達成した我が琉球共和国は、困民主義革命のあからさまな海外輸出はしないものの、本項のなかに

困民主義革命の法則は、普遍的なものであり、この法則に従うことは、地球連合政府を形成し、人類存続をはかろうとする各国の責務であると信ずる。[注釈㈢]

④　琉球共和国の人民は、共和国の名誉にかけ、全力をあげてこの崇高な理想と目的を達成することを誓う。[注釈㈣]

⑤　この憲法は、地球連合政府が樹立され、わが琉球共和国がその連合体に参加する日の前日において自動的に失効する。[注釈㈤]

は、間接的ながら、非困民主義諸国内の困民主義者をはげます意味がこめられている。

㈣憲法を遵守すべき政府権力が、逆に憲法の理想や目的の実現を怠り、はなはだしきは逆コースさえ歩んだ各国憲法前史の歴史的教訓に立って、共和国人民に、かような政府の反憲法的行動をチェックする権能を附与するための注意的規定である。

㈤地球連合政府の構想は、かつての国際連盟や国際連合のような、権限の弱い国際機関ではなく、「人類みな兄弟」というたぐいまれなる人類愛にもとづき、従来の諸国家を、ひとつの人類政府へと形成するブント組織であることに特色を有する。

　しかしながら、地球連合政府の運命は、現在なお頑強に抵抗を続けている非困民主義諸国における困民主義革命の成否にかかっている。困民主義革命の先進国たる、わが琉球共和国は、地球連合政府が産声をあげる日まで、とりあえず、一国形態的な本憲

〔基本原理〕

第一条　共和国は、労働と愛に基礎を置く困民主義的共和国である。

主権は、労働と愛に生きる困民に属する。

困民は、この憲法の定めるところにより、主権を行使する。注釈㈥

法を制定するが、それは、あくまで暫定的なものであって、地球連合政府に参加するとの共和国人民の意思の確定があれば、何らの改廃手続を要せず、失効するものであることを規定したもの。

㈥共和国の性格を「労働と愛に基礎を置く」としたところに、本憲法の真骨頂があると言える。というのは、むかし一九四七年のイタリア共和国憲法が、「イタリアは、労働に基礎を置く民主的共和国である」としたり、一九二一年のポーランド共和国憲法に「労働は共和国の基礎である」と規定する条項は散見できても、「愛」に基礎を置いた国家は、人類史上わが琉球共和国をもって嚆矢とするからである。愛のない人生なんてつまらないのと同じく、国家の原理に愛がなければ、国家と人民は、猜疑のピンポン玉を、相互に打ち合うしかない。古来から心優しき反逆者たちの住まったわが琉球弧に歴史上はじめて人民によって樹立された独立共和国の憲法の劈頭に刻むにふさわしい美しい言葉だ。

第二条　琉球弧を形成する諸島嶼をもって、琉球共和国の可視的領土とし、ニライカナイの地をもって精神的領土とする。注釈㈦

㈦琉球共和国は、開かれた連邦国家である。ゆえに、その理想とするところは、〝国境〟というものを廃絶し、すべての国家、すべての民族が、「人類みな兄弟」として、地球連合政府を形成するにある。だが、本項のように、琉球共和国の主権の及ぶ範囲を定めることは、即ちみずから〝国境〟という垣根を造営することにほかならず、このことは、右にのべたわが共和国の国家理想＝国家目的に背馳する。従って、本条項をおこした合理的理由は存しないように思えるが、注釈㈤で述べたとおり、共和国憲法自体が、地球連合政府が成立するまでの暫定的なものであり、本条項によって共和国の主権の及ぶ地理的範囲を定めることは、その間の侵略主義を国家的に否定する論理的効果があり、その限りで、積極的意味を持つと言えよう。

なお、可視的領土のほかに、ニライカナイという、地理学上確定しえない、そのあたりとか、その辺とかという空漠たる空間概念をもって、不可視の領土

第三条　①　琉球共和国は、奄美州、沖縄州、宮古州、八重山州及びその余の周辺離島からなる、分権主義を基調とする連合国家である。注釈(八)

としたのは、可視的と観念されている〝国境〟そのものが、実は、人間によって、人工的に線引きされたインチキ体であって、その実質は、ニライカナイと同じくその辺とかそのあたりとかという程度の曖昧模糊たるものでしかないということを、逆照射する働きをしている。

(八)わが琉球弧の人民は、古くから、島々や土地柄のちがいによって、多様な言語、習慣を育て、文化の基層を深く広げてきた。この文化的多様性を、政治的多様性にリンクさせ、政治組織として翻訳されたものが、第三条の規定する分権主義を基調とする連合国家という国家形態なのである。

むろん、このように四州に区分することも、実を言えば、なお問題がなくはない。各州間においてはもとより、それぞれの州内においても、他州に劣らない程度の地域的確執は、存在し続けているからである。しかし、それぞれの最大公約数をまとめてみると、本条のように、四州に区分することに、あえ

②　周辺離島に居住する共和国の人民は、その欲するところにより、いずれかの州に帰属しあるいはそれから離脱する自由を有する。注釈(九)

第四条　琉球共和国は、その連合国家内の各州に完全な自治権を保障する。共和国政府の権力は、各州の自治権力の行使を妨げてはならない。注釈(一〇)

て反対する理由はなく、この点について他の憲法私案においても制憲会議の議事録上も、論議された形跡がないのは、十分うなずけるものがある。

(九)四州のほかの群小の周辺離島に、本条二項のような自由を保障したのは、琉球弧自体が、かつて〝日本国〟の離島にすぎなかったころ、したたかに味わわされた、中央対地方という中央集権的図式、島ちゃび※の悲劇を、ふたたび、これら周辺離島に背負わせてはならないという歴史的反省に立つ条項である。すなわち、これは、地域的少数者保護の規定である。

(一〇)第四条は、共和国と州との関係を規定したもの。共和国の人民は、まず、その属する州の権力と日常向きあって、生きている。従って、その各州の自治権力のありようこそが、人民にとって第一次的に緊要なものとなる。過去の「日本国憲法」下の現実が示すように、憲法によって地方自治に、制度的保障が与えられたにもかかわらず、実際の運営は、中央

第五条　琉球共和国内の各州が、共和国から離脱し、または既存の州の管轄内に新しい州を形成もしくは創設し、または二個以上の州もしくはその一部たる諸地方が合併して一州を形成することは、当該地域を構成する地方困民固有の権利である。注釈㈡

集権主義的な官治行政によって、覆滅されたという歴史的教訓のなかから、本条は生れた。

この条項の趣旨は、強い地方政府をもつ各州と、その各州間の連絡、調整及び対外的代表権を持つにすぎない弱い中央政府という構成こそが、琉球共和国の基本的国家構造であることを明示したところにある。

㈡もともと「邦土ヲ僭窃《せんせつ》」することは、国家の存立に対する犯罪として、最も峻厳な刑罰によって、威嚇するのが、従来の各国の刑法典上の扱いであった。しかし、その罪は、「政府ヲ顚覆シ」「其他朝憲ヲ紊乱スルコトヲ目的トシテ暴動ヲ為」すこととともに、それが失敗に終った場合にのみ処罰されるのであり、もし、それが成功すれば、彼らこそが、権力者となり、打倒された従前の政府権力者は、数々の反革命的罪状を数えあげられて、断頭台上の露と消えるのが、歴史の通則であった。

しかし、地方民が、自分たちの好む仕方で、自分

第六条　伝統的琉球語、その他共和国内で通用している言語の使用は任意である。官憲の行為および裁判事務についてのみ、法律を以って、公用語を定めることができる。琉球語と日本語を公用語とする。[注釈㈢]

たちの政治組織を創設、変更することは、それ自体が、自治の極限形態をなすもので、これをもって、犯罪を構成するものとしてきた従来の法制度は、実は、ときの権力者が、自己の権力の正当性について、自信のなかったことを表白しているにすぎない。

わが琉球共和国は、まさに柔軟で、ゆるやかな人民国家として、従来の法制度上、内乱罪にあたる行為を、地方民固有の、憲法上の権利にまで変質、昇格させ、発想の大転換をはかった。そのあたりに、今回の困民主義革命の結果成立したわが共和国の国家的自信のほどがしのばれる。

㈢注釈㈠2で書きしるした三条の里子を、日本国が実親と称して、里親たるアメリカ国から引きつぐ儀式が進められていた頃の、むかしむかしの一九七〇年十月十九日のお話。「沖縄国会」と言われた衆議院本会議場で、沖縄青年同盟の三人の青年たちが、点火式連発カンシャク玉を鳴らして捕えられ、白州の座に引き出され、そこで、彼ら青年たちが、わが伝統的琉球語でしゃべりまくったことから、テンヤワンヤの騒動になったことがある。

当時の日本国裁判所法第七十四条という法律では、「裁判所では、日本語を用いる」と明記してあったことから、裁判所側が「日本語」の使用を強要し、弁護人を含め三被告人が退廷させられたと報ぜられたのだった。

当時、「日本語」という明定された言語があったわけではなく、多く活字になり、テレビや教科書の基本となっている東京方言を指すと解釈するのが、一般的な考えであった。だが、わが琉球語が日本語でないと考えるがごときは、言語学上、はなはだしき無教養を暴露したものにほかならなかった。しかし、もし一般的にもその裁判所のように考えられていたとすれば、日本国家内において、いかにわが琉球弧の民が、政治的に貶《おとし》められていたかを示すものにほかならない。政治が言語をも支配する確かな歴史的事実を、そこに垣間見ることができるからである。昔、山之口貘という琉球詩人が、出郷何十年目かに、東京から琉球に帰郷して、すっかり、琉球語が影をひそめている光景をみて、琉球は言葉まで も「サッタルバスイ」※と嘆いたことがあったが、言語のありようは、その言語の生きている土地空間の政治的運命と一体であることは、自明の原理である。

今回の琉球共和国の憲法制定にあたって、琉球語を復権させ、日本語とともに、公用語としての地位にまで引きあげたのは、琉球共和国の政治的復権を明瞭に宣言したものにほかならない。

むろん、本条と類似した規定は、非核憲法として有名だった（しかし、非核は後に尻抜け条項のため無実化したが）パラオ非核憲法（草案）第十三条第一項に「伝統的パラオ語を国語とする。パラオ語と英語を公用語とする。パラオ議会が各語の適切な使途について決定する」とあるし、古くは、ベルギー国憲法第二十三条にも「ベルギー国で通用している言語の使用は任意である。官憲の行為および裁判事務についてのみ、法律によって、用語を定めることができる」と規定していた。しかし、これらは、そ

第七条　琉球共和国の連邦国旗は、黒＝赤＝白である。注釈㈢

れぞれの国の民族的、地理的多様性に起因する障害を、文化的に統一するために規定されたにすぎず、わが琉球共和国におけるがごとく、自分たちの言葉を政治的対抗概念として明確に認識し、位置づけ、これを実定化したわけではなかった。その意味で、第六条は、一見、なんでもない文化的規定のように見えるが、実は、わが共和国〝前史〟において、〝琉球人〟として、日本国内で差別され、蔑視されたわが共和国民の先祖たちの草葉のかげからの、怨念のこもった鬼気せまる政治的規定たることに、その本質的性格があることを忘れてはならぬ。

㈢国家を表徴する国旗なるものは、元来、国や支配者のものであり、国旗が民衆のものとなる歴史的端緒は、フランス革命であった。

　十字軍の遠征に起源をもつ国旗なるものは、本来、国家の威力を対外的に示すための反民衆的なものであるにすぎない。しかし、多くの国が、憲法で国旗を定めていることにならって、わが共和国も、これ

第八条　諸国民の平和的共同生活を妨害するおそれのある、あらゆる名目や形態の戦争を準備する一切の行為は、違憲である。[注釈㈣]**このような行為は処罰されなければならない。**

戦争に使う目的またはそれに転用可能の核兵器、化学兵器、ガス・生物兵器の実験、製造、運搬、貯蔵、廃棄を取り決める共和国政府あるいは私人の行為は、共和国人民の絶対無制限の抵抗の対象と

を定めることとなった。黒は、〝無政〟の理想を示し、赤は革命の血、白は琉球弧の兄弟たちのおおらかさを表わす。

㈣第三次世界大戦は、第二次世界大戦唯一の被爆国〝日本〟のアジア大陸への核攻撃によって、その幕が切って落された。日本国はそのころ、「日本国憲法」第九条という立派な戦争放棄、反戦、平和の条文を持っていた。にもかかわらず、歴代の政府は憲法の正文はそのままにして、（つまり、憲法改正という手続をふまずに）法律、政令以下の下位法の制定改正や世論操作によって、憲法体制を無効化する有事即応体制をつくりあげ、日本は、次第に巨大な軍事帝国に成長していった。ステファン・ツヴァイクは、その著作たる『昨日の世界』（Die Welt von Gestern）の中で、「歴史は、同時代人には、彼らの時代を規定している大きなさまざまな動きを、そのほんの始まりのうちには知らせない、というのが、つねに歴史のくつがえし得ぬ鉄則である」と、第二

なる。この抵抗権の発動は神聖なものであって、そこから生ずる一切の行為は、正当行為として、法律や裁判の関与しうるところではない。

次世界大戦の仕掛人の一人であるヒットラーの登場に関連して述べている。（みすず書房、原田義人訳、五三〇頁）

まさに、ツヴァイクが経験したようなことを、第三次大戦前の日本国民も通過することになった。最初遠慮がちだった軍事費がいつの間にか大手をふって年々膨張し、それに比例して、文民政府と防衛省の対立が激化、当初、ぬき足差足だった武官の政治関与が日ましに激しくなり、ついに、自衛隊東部方面総指令だった西条英樹という青年将校に率いられた一団の自衛隊員が、前年施行されたばかりの防諜法違反を理由に、司直の手を借りず、ときの首相中田文吉をピストルで殺害、首相官邸におけるこの一発の銃声で、新聞・放送・言論すべてが、親自衛隊へ傾斜していき、すべての国家権力は、事実上、自衛隊に集中され、ついに、日本国家〝生命〟線〝自衛〟の名目での大陸侵攻が開始された。すでに、中ソ対立の矛盾を解決して、中ソ連合国家を形成していた社会主義国家連合群は、北海道上陸どころか、

第九条　何人も、琉球共和国の人民となり、また琉球共和国から離脱する自由を有する。注釈㈤

アメリカと談合して、直ちに、日本の中枢機構の集中している東京を、ミサイル攻撃、第三次大戦は、その時点で直ちに終った。

本条が戦争準備行為そのものを違憲とし処罰すべきとするのは、右のような歴史を経て、偶然にも「戦争を革命に」転化させ得たわが琉球共和国の困民主義者たちの周到な配慮が生かされている。その非戦と反戦＝平和の決意は、前段の戦争準備行為のほかに、後段の核兵器等の一切の取りきめをする政府や私人の行為が、無制限の抵抗権の対象となるというところにも、よく示されているところである。

㈤本条は、琉球共和国以外の人民が、わが共和国人民となること（従来、これを「帰化」と称した）、または、琉球共和国の人民が、わが共和国人たることをやめること（従来、これを「国籍の離脱」と称した）を、すべての人に対し、しかも絶対無制限に保障するものである。すなわち、琉球共和国以外の人民（＝外国人）は、この憲法を承認し、琉球共和国の国家理想を共有する限り、その欲するところにより、何らの資格、条件を要せずに、琉球共和国の人民たる権利を、完全に取得することができ、他方、すでに琉球共和国の人民たる者は、共和国の基本的施策が、おのれの思想と背反し、その他何らかの事情によって、琉球共和国の人民たることをヤーメタと意思表示すれば、この憲法及び共和国の課する国家的義務を免除されることになる。その意味で本条は、琉球共和国が、その人的基礎においても、まさに開かれた国家であることを、おごそかに宣言したものにほかならない。

旧来の民族国家においては、排外思想が強く、従って、外国人の「帰化」は、国家の恣意的ないし恩恵的処分として、種々の制限の下に、許可され、その反面として、「国籍の離脱」も完全には自由とは言えなかった。

外国人に対するかかる偏狭な排外主義思想が、反転して、国内に〝外国〟を作りあげ、差別の対象をふだんに醸成したという差別構造の歴史的円環を閉じるべく、本条は、わが琉球共和国が、文字どおりのインターナショナリズムを旗印とする〝世界国家〟へ向かう過渡的国家であることを、暗黙のうちに、前提するものである。

むろん、土地の歴史、言語、風習など何らかの指標の共通性によって、一体感をもつ単位地域の人びとが、自己権力を無限に下降させ、それをミクロ化してゆくことによって、それぞれの多数の〝無政の郷《コンミューン》〟を創出してゆけば、〝世界国家〟(前文でいう地球連合政府)それ自体も、過渡性をもつ国家にほかならなくなり、結局、それは廃絶の運命をたどるよりほかないことは、自明のはずである。そして、それこそが、わが共和国のみならず、全人類の究極の理想とするところだと言ってよい。

現今の困民主義革命の世界的停滞の最中にあっては、わが琉球共和国は、憲法前文⑤において、みずからを過渡的国家と規定したばかりでなく、人類史の〝無政〟化を遂行する過渡的な〝世界国家〟を、ひとまずめざすという二段階無政論を構築する長征の旅への出立を、いま、はじめたばかりだ。

琉球共和国憲法私案の現在性——「復帰五〇年」の喚起力として

仲宗根　勇

一　琉球共和国憲法私（試）案の淵源

（1）「共和社会」か「共和国」か

本書刊行の企画の提案を受けてからかなり月日が流れてしまい、関係者にご迷惑をおかけしてしまった。高江、辺野古、安和、本部港（塩川地区）での新基地反対の定期的現場座り込み、変化する状況に応じて高江へリパッド基地建設・辺野古新基地建設問題についての沖縄県庁や沖縄防衛局に対する要請・抗議行動、嘉手納基地ゲート前での反基地デモなどにほとんどの肉体的・精神的エネルギーを注ぎ込み、若かりし頃の憲法私案を振り返り、静かに〈再審〉する時間的余裕がほとんどなかった。

世界の誰もがまったく想定しえなかった新型コロナ禍時代の陰鬱な生活が二年以上も続き、寄る年波にはあらがい難く認知機能も怪しくなった現在、憲法私案起草当時の潑剌とした壮年期の思想的躍動もなく、閉塞状況の復帰五〇年の沖縄の現在に架橋し得るか、気が重いものがあった。書を捨てて書斎から闘いの現場へ通っていた頭脳も空白状態で、出るべき言葉がなかなか脳裏に浮かばないことが多くなった。齢八〇歳を超えて確実に忍び寄っている思考力の衰えである。

いったん諦めたこの企画を再起動させる気になったのは、琉球共和国憲法私（試）案を「〈反復帰〉論を構成的力能に結像させた稀有な達成」と書いた畏友・批評家仲里効氏の論考（季刊『未来』通巻六〇四号、二〇二一年）に接してからである。それに刺激され我ながら納得し励まされもした。それで、琉球共和国憲法私（試）案を触媒にして、予想される祝賀ムードの国と沖縄県の「復帰五〇年」の祝祭プロジェクトと対峙し、それと切り結ぶ、いわば、それぞれの〈「復帰五〇年」の反復帰論〉を多彩な論者にさらに自在に語ってもらえば、沖縄の過去・現在・未来を考えるために意義があり、面白い企画になるのではないかと思い至ったのであった。

琉球共和社会憲法C私（試）案（以下、「川満草案」）と琉球共和国憲法F私（試）案（以下、「仲宗根草案」または「草案」）は、沖縄タイムス社が一九八一年六月に発行した『新沖縄文学』第四八号「特集 琉球共和国へのかけ橋」に掲載された。色川大吉先生が発掘・発見された明治期の私擬憲法・五日市憲法に触発されていた上間常道氏が、沖縄タイムス社の沖縄大百科辞典編集部に在籍していたとき、夜遅く編集部に見えた新川明氏から「新沖文向けの何かいい企画はないか」と訊ねられたとき、ふと五日市憲法が思い浮かんだという。そして、沖縄民衆が自主憲法を起草するイメージは新川明氏を中心とする委員会で特集として具体化された（上間常道「色川大吉さんと『自分史』」、三木健編『沖縄と色川大吉』所載、不二出版、二〇二一年）とのことである。この特集はただちに本土で反響をよんだ。朝日新聞で取り上げられ、復帰十年沖縄の自立構想シンポジウムなどで問題提起され、評論家らが月刊誌や著作でそれぞれ思い入れの強いメッセージを発した。そして、『新沖縄文学』第五一号の小特集「琉球共和国構想への提言」をへて、ついに『新沖縄文学』第五三号で「沖縄にこだわる——独立論の系譜」という第二弾の本格的特集へと繫がっていった。

第四八号には「『憲法』草案への視座」というAからHまでの、私のほか一家言をもつ七名の出席者による匿名座談会の内容も登載された。その座談会では、C案、F案の二つの憲法草案について丁々発止と渡り合う検討が行なわれた。

「琉球共和社会」、「琉球共和国」の二つの憲法草案の発想の根底にあるものは何であり、それぞれの何が問題とされたのか、そしてどのような討論を経て憲法草案二案が並列されて発表されるに至ったのかがよくわかる座談会である。匿名Cは川満信一氏、Fは仲宗根勇であり、八名のうちの牧港篤三、岡本恵徳、上間常道、新崎盛暉の四氏はすでにこの世におられない。新型コロナ禍の影響なのか、昨今近しい友人や反基地の闘いの同志との思わざる突然の「別れの時」を迎えることが多くなり、人生の悲哀をつくづく思い知らされる。

記憶に残る六〇年前に読んだ阿部次郎『三太郎の日記』の「『別れの時』の悲哀を力として却て更に強く『新』を肯定するの寂寞に耐えよ。」との激励を受けて、錆び付いた思考力に鞭打つしかない。

二つの憲法私案が提起される契機となったのは、「復帰」一〇年後の沖縄の一九八〇年代の歴史的状況ともかかわっていたと思う。一九八五年十月に総理府が発表した県民意識の世論調査で、復帰を肯定的に評価する者が七割に近く、半数以上（五五・三パーセント）が自衛隊の存在を肯定していた。沖縄の「一九八〇年代とは、一九六九年十一月の日米共同声明で『核抜き、本土並み、七二年返還』が確定した前後、民衆の意識のなかで『祖国』神話が崩壊し始め、『復帰不安』という言葉が沖縄社会に弥漫していた時代は去り、国策によって、沖縄の各面各層において日本本土との一体化と統合が構造的に進められ、沖縄社会が、相対的安定期に入った時代であったと言える。本土との政治的経済的組織や生産、流通の統合・系列化が進化・拡大し復帰直後の民衆の自衛隊アレルギーや反ヤマト感情も希薄化しつつあったのが復帰一〇年の沖縄の現実であった。

こうして、復帰運動の終焉の果てに、沖縄が日本国家にほぼ完全に囲い込まれたこの時代、死滅した復帰思想に代わる沖縄の時代精神ともいうべき「『国家』を超克する指導理念を求める黙示の胚子が復帰一〇年後の沖縄社会に胚胎していた。それは個人の意識的な思想のなかに、あるいは時代の無意識的な空気として存在していたはずである。」（拙著『沖縄差別と闘う』未來社、二〇一四年）

東京大学から沖縄国際大学に赴任された玉野井芳郎教授が、人間と自然との共生を求める地域主義を提唱し、「沖縄自治憲章」案を起草されたのもその頃であった。

琉球共和国憲法F私（試）案は、『新沖縄文学』からの急遽の求めに応じて、いわば私「個人の意識的な思想」として書いたものである。

私（試）案を書く前提として、私はひとつのストーリーを作った。すなわち、この憲法私案は、すでに日本国が滅んだあとに誕生した琉球共和国の憲法であることを前提にした。つまり、第三次世界大戦後に琉球共和国が誕生したとき、すでに日本国は米国及びソヴィエト＝中国連合軍によって消滅させられたことになっている。草案起草当時はまだ第二次世界大戦後の東西冷戦の最中にあって、ソ連邦が崩壊するのは一〇年後の一九九一年であるから、ソ連邦の崩壊はもちろん、いまやGDP世界第二位の経済大国となり、やがて米国を追い越す勢いで米中対立の〈新冷戦〉が激化している、現在の中国の発展もまったく予見されえていない時代であった。

私は米ソの〈冷戦〉が終わり、米中対立もない世界平和が実現している地球世界を夢想した物語のなかで、核武装し唯一軍事大国化した好戦的な日本国は、連合軍の東京へのミサイル攻撃によって滅ぼされたことにした。「第三次世界大戦は第二次世界大戦の唯一の被爆国〝日本〟のアジア大陸への核攻撃によって、その幕が切って落とされた。」（「草案」コンメンタール（一四））結果だが、憲法破壊者安倍晋三の手代・岸田内閣と自民党がもくろむ「敵基地攻撃能力」の保有などは、保守勢力さえ専守防衛論に徹していた当時においてはまったく想定外のことだったが、皮肉にも、草案で想定したことがいま現実政治の舞台に登場しようとしているわけだ。そして、いまや、ロシアと中国の艦隊が日本周辺で現実に共同演習を繰り広げる時代になっている。

なぜ、私が日本国家を消滅させたのか。日本国家と「日本本土国民」は一体となって少数者である「在沖日本国民＝沖縄人」を異族視し意識的・無意識的に「国民」と認めず、薩摩侵攻から明治維新政府の琉球併合以降現在の自公政権に至るまで、日本ナショナリズムの民族排外主義の対象を外国人や〈在日〉少数者や沖縄に向けては沖縄差別を続け、日本国内に民主主義・法治主義・立憲主義の〈境界〉を平然と作ってきた。沖縄人は「純正日本人」ではなく、せいぜい不純な「半日本人」か「被植民地人」と意識され位置づけられ、沖縄に基地の加重負担をさせて当然とするかのごとき多くの「純正日本人」がいる。

最高権力者が国家権力を私物化し、国権の最高機関たる国会で一〇〇回以上の嘘八百を並べた安倍晋三首相。権力者の犯罪を司直が放置する「法治国家」の「権力」に公文書改竄を強要されて「全体の奉仕者」（日本国憲法第一五条）たらんとして苦悶して死者となった忠実な公務員。その遺族が提訴した民事裁判を争いながら、突如、公金を使って民事訴訟法の〈請求認諾〉をして遺族の訴訟目的たる事実解明を封印し、裁判所における権力犯罪の証拠の暴露を隠蔽した卑劣極まる自公政権。その「国家権力」を多くの「本土国民」が作りあげ、忖度し、許し続けてきた。

法文上「国民」たる私人に対して広く行政庁に対する不服申し立てのみちを開いている行政不服審査法の立法目的を脱法して、沖縄県知事の辺野古埋立て承認の取消しや撤回、設計変更の不承認に対し、国が「私人」になりすまして申し立てる自公政権の対抗措置を、多数の法学者や識者が「極めて不当」と批判しても、沖縄の明らかな民意もないがしろにして「辺野古が唯一の選択肢」という傲慢なステレオタイプを恥じらいもなく際限なく繰り返し、強引に辺野古新基地建設工事を進めてきたのが自公政権だ。行政不服審査法により承認撤回処分を取り消した国土交通大臣の採決の取消しを沖縄県が求めた抗告訴訟は、二〇二〇年十一月二十七日、那覇地裁で却下され、それに対する県の控訴は、二〇二一年十二月十五日、県の原告適格を認めないとして福岡高裁那覇支部で棄却された。これに対し、同年十二月二十八日、沖縄県が上告したが、やがて、日本の司法が司法権の独立をかなぐり捨て、行政に忖度した最高裁の姿をまたしても見せるのであろうか。

本土では地域住民が政府の軍事施設などの配備計画に反対したときは、政府は、その地域の民意を尊重して計画を撤回・変更するのに反し、沖縄の民意については司法も政治も歯牙にも掛けない政治的ダブルスタンダードこそ彼らのお手の物だ。

日本国が存続するかぎり、未来の琉球共和国運動は、国際人権法、国際組織との連携・擁護のもとになされようとも、運動の決定的時点においてはロシアのウクライナ侵略と同じ様相の、完全武装した自衛隊＝日本軍の弾圧により沖縄民衆の大量の血が流され、独立指導者たちは内乱罪で捕縛され、独立派は何度目かの「琉球処分」の再現となり、薩摩支配にあらがった謝名親方のように無慈悲に「処分」されるだろう。したがって、琉球共和国を誕生させるためには、その前に日本国家を消し去る思考実験がどうしても必要だったのである。

もともと、この憲法構想には真面目で本格的な独立沖縄の憲法草案と沖縄の過酷な現実を射抜くパロディー的な憲法草案の両面を含んだものを編集者から求められていた。

その二つの要請をいかにバランスよく条文化するか、至難の試みのように感じられた。本格的で真面目な憲法なら、世界に冠たる日本国憲法が形骸化している現在、それを再生復活させるためにも、その第一章天皇条項を削除してそのまま導入すれば良いし、また、あまりパロディー化に流れるのも「琉球共和国への架け橋」という特集にふさわしくもないだろうと考えられた。

川満草案は、詩人川満信一の才気溢れる、わさびのきいた「好戦国日本」への決然たる決別宣言の「前文」から始まり、全六章・五六条にわたる詳細な条項を体系的に組み立てている。

第一条で「国家を廃絶することを高らかに宣言」して、「国家」でなく共和「社会」を前提として構想されており、暫定的「国家」を前提とした仲宗根草案とは対照的である。「国家」と「社会」は本質的に並立しつつ常に対抗関係にあると考えられる。川満草案は任意であれ強要された契約であれ社会契約説が弁証する通説的な国家概念を止揚した、国家廃絶後の「共和社会」という独自の社会観を基礎にしている。

川満草案の「共和社会」の規定のなかには、それがたんなるパロディーだとしても、「共和国」の起草者の立場から考えると、納得しがたい条項が多々存在している。

「共和社会人民」が自然状態にあると言えても、その一人びとりが人であり、人と人が交わり接触するところには軋轢・暴力・恐怖感が生ずることは否めない。そこで「すべての人のすべての人に対する戦い」という『リヴァイアサン』のホッブズの言葉を思い起こさざるを得ないのだ。また、「社会あるところに法あり」、「法あるところに社会あり」という古くからの法格言もある。

善をなすのは人であり、悪をなすのもまた人である。人と人との間のフリクションを回避・調整して社会の平穏を保持するためには、どうしても常設的な中立の権力機構が必要になるのではないか。フロイトはアインシュタインへの書簡（『人はなぜ戦争をするのか　エロスとタナトス』中山元訳、光文社、二〇一五年）のなかで書いている。「共同体の内部でも、利害の対立は原則として暴力で解決するしかないのです。ところが共同体の成員は同じ土地でともに暮らしているので、ある共同性の感情が生まれます。それにこうした対立は必ず解決しなければならないものなので、この共同性の感情のおかげで、対立を短期間に解決しようとする気持ちが生まれます。その場合には、対立が平和的な方法で解決される可能性がたえず高まるのです。」と。

だが、川満草案第二条は、「この憲法は法律を一切廃棄するための唯一の法である。したがって軍隊、警察、固定的な国家的管理機関、官僚体制、司法機関など権力を集中する組織体制を撤廃し、これをつくらない。共和社会人民は個々の心のうちの権力の芽を潰し、用心深くむしりとらねばならない。」と規定し、第四八条（司法機関の廃止）でも「従来の警察、検察、裁判所などの固定的な司法機関は設けない」と繰り返している。

「法あるところに社会あり」の論理を裏返せば、「法なきところに社会なし」ということになり、琉球共和社会が「法律を一切廃棄する」こととすれば、法はないことになり、そこに共和「社会」も成立しえないのではないか。もっとも、「センター領域内における個人および集団、組織などの私的商行為は一切禁止する。」（第五九条）のだから、琉球共和社会が商品交換を前提としない原始社会に類する社会であることになり、その共同体のなかでは、掟《おきて》以外に法は必要でないと考えることもできよう。しかし、マルクスが共同体と共同体との間に商品交換が始まると考えたように、センター領域外での共同体と共同体との商行為が始まれば、そこに法が必要になると考えるべきではないか。

川満草案第四七条では、固定的な司法機関を設けない代わりに、「所属自治体の衆議」→「近接自治体の衆議」→「自治州の衆議」→「共和社会の総意」の四審制が「不当な戒」の決定機関とされている。それぞれの組織の衆議によって決めるとしたことは、「自治体は直接民主主義の徹底を目的とし衆議に支障をきたさない規模で設ける」（第一〇条）ことを具体化した周到な規定だと考えられる。しかし、直接民主主義が機能するためには、極論すれば「車座」で語れる範囲の人口規模に限られるだろう。第九条で適切な規模の自治体で構成される奄美州、沖縄州、宮古州、八重山州の四州の衆議を直接民主主義で貫徹することは、物理的に不可能ではないかと思わざるを得ない。ことに、最終審の「共和社会の総意」となると直接民主主義の実践は事実上不可能であり、間接民主主義的な仕組みの導入が必要になるのではないかと考えられる。

法にもとづいて物理力＝暴力を独占的に行使するのが国家の本質である。暴力を業として成り立っているヤクザやマフィア組織の暴力は、合法的な国家暴力と異なる非合法な暴力であるから、人は当然その暴力に従う必要はない。その非合法な暴力は常に国家権力と対抗関係にあり、国家権力の介入を招く。一方では、国家暴力が法にもとづいて行使されるかぎり、国民は否が応でもそれに従わされるものである。

暴力を背景にした国家が国民から税金を取り、国家経営に必要な原資を獲得するのも、また国家の本質と言える。法律にもとづくかぎり、国民は税金を拒否できない。大日本帝国憲法、日本国憲法はじめ諸国の近代憲法に法律にもとづく「納税の義務」が麗々しく掲げられているのはその現われである。

そうだとすると、川満草案第五三条が「個人の納税義務は撤廃する。」としたのは、国家廃絶を宣言した琉球共和社会憲法としては当然の規定であろう。琉球共和社会経営の原資獲得の方法は五六条（財政）に規定されている。しかし、「ここに定められた理念、目的、義務を達成するため、琉球共和社会人民は献身的な努力と協力をはかる。」という最後の文言にはある種の危なさを感じてしまう。琉球共和社会憲法が「掟」としての意味しかないとしても、それに従わされる琉球共和社会人民が「献身的な」不定量の労働を強制され、ポルポト政権下のカンボジア国民が追い込まれたような惨酷な状況が容認される余地はないだろうか。それに対し、「慈悲の戒律」（第三条）によって、ブレーキをかけられるだろうか。川満草案の基底にある川満信一氏の詩と思想の深淵を真に理解することは散文的な私の能力を超えるが、気になるところである。

(2) 琉球共和国憲法私（試）案の国家論の普遍性

沖縄が日本国家から分断されていた沖縄戦後の米軍の占領初期、沖縄の帰属問題について多様な論争が交わされた時代の主流的な政治潮流は沖縄独立論であった。

仲宗根源和が主導した一九四七年六月に結成された沖縄民主同盟の恒久政策の冒頭には「独立共和国の樹立」が掲げられ、また、同年七月に結成された沖縄人民党もその政治政策の冒頭に「人民自治政府の樹立」を掲げていた。だが、そうした当時の独立論的志向はその後主流となっていく日本復帰論によっていつしかその地位を奪われていった。

一度は燃えるかに見えて消え去った琉球「独立共和国」を再び「共和国」論として憲法草案に立てる意味はあるのか。琉球共和国が「国民国家」の延長上の永続的な国家であれば、それは滅んだ「日本国家」のミニ再生にほかならず、共和国創立の意味はないだろう。それゆえに、草案は、それまで現実にあった「独立共和国」の発想とは異にした琉球共和国の新しい「国家」像を実体とパロディの混成体として起草したいと考えた。

「共産主義は経験的にはただ『一挙に』(auf "einmal") または同時になされる支配的な諸民族の行為としてのみ可能である」(マルクス、エンゲルス『ドイツ・イデオロギー』古在由重訳、岩波文庫、四七頁) とすると、琉球共和国成立の動因となった困民主義革命も世界同時革命によってしかあり得ないはずだが、困民主義革命の世界的停滞のなかにあって、琉球人が一国形態的に困民主義革命を成し遂げ、琉球共和国が成立した、ということをまず夢想した。

若い頃、明治憲法制定前の自由民権運動の歴史を調べていた過程で、「自由民権運動の最後にして最高の形態」(井上幸治『秩父事件』中公新書、一九六八年) である秩父事件を「抵抗権行使事件」とよんだ色川大吉先生の浩瀚な『新編明治精神史』をはじめ多くの自由民権運動関係の著作のなかで、各地の困民党に関する歴史を学んだ。色川先生が命名した武相困民党と異なり、蜂起農民の意識が高く武装蜂起した秩父困民党については井出孫六氏の多種類の著書や直接のお話でも認識を深めることができた。

その井出氏が沖縄に来られたとき、日時は定かに記憶にないが、四〜五名のメンバーで那覇の小さな飲み屋みたいなところで懇親会がもたれた。いまでは出席メンバーのひとりの顔さえ記憶にないが、井出氏からいただいた「六月にはお忙しい処をありがとうございました。」というはがきの受付印から昭和五十八年 (一九八三年) だったことがわかる。

上村忠男東京外国語大学名誉教授が、著書『ヘテロトピアからのまなざし』(未來社、二〇一八年) のなかで「困民主義革命」と題した小論 (初出『みすず』第六三二号、二〇一四年十一月) を書かれている。「取り上げたいとおもいながら機会を逸してしまった」という琉球共和国憲法F私 (試) 案・部分について、「困民主義ないし困民主義革命という語を仲宗根はいったいどこからひねり出したのだろうか。」と自問して「『無政の郷』という語は井出孫六が『秩父困民党群像』（新人物往来社、一九七三年）で使ったものであることを注意したい。たぶん仲宗根は井出の本を読んでいたのだろう。」と自答されて、的確に探り当てている。ただ、『無政の郷』という語は井出本より前、一九六八年に出版された井上幸治本でも使っている。確かにご指摘の本は読んだが、その本だけから「困民主義革命」をひねり出したわけではない。「『窮民革命』論からのなんらかの示唆があったものとみて」おられることは間違いだ。

そういう次第で、「困民」なる語は、明治十七年組織化されて秩父の谷間から蜂起した秩父困民党に由来することを、草案のなかでそれとなく反語的に示唆しておいたのだった。

国家の基本的な構成要素として、領土と人民と統治権（主権）の三要素を必要とする。仲宗根草案は領土について、琉球弧を形成する諸島嶼（奄美州、沖縄州、宮古州、八重山州及びその余の周辺離島）をもって琉球共和国の可視的領土とし、琉球共和国は完全な自治権が保障された領土内の各州の連合国家であると構想した。その可視的領土のほかに、ニライカナイの地を精神的領土とした。

平恒次イリノイ大学教授が同じ『新沖縄文学』第四八号の巻頭論文「新しい世界観における琉球共和国」のなかで、琉球弧に琉球共和国をつくり、そのほかに琉球精神共同体あるいは琉球精神共和国みたいなものをつくるという図式を定式化されている。また『新沖縄文学』第四八号より二か月後の一九八一年八月に発行された井上ひさしの小説『吉里吉里人』第一八章（五七三頁）に吉里吉里国の分国または独自の「飛地国家」をつくるという話が出ている。

平教授の琉球精神共同体＝精神共和国とは、琉球列島外の各国に生きる一五〇万人の琉球人・琉系人が住む世界を具体的に指しているので、草案のニライカナイという民俗的な想像上の観念的空間とは異なるが、小説『吉里吉里人』の「飛地国家」とともに、ほぼ同じ時期に期せずして類似の発想がされていることは、きわめて興味深いことだ。

国民国家の「領土」が必然的にもたざるを得ない地理的〈国境〉の垣根を無効化し、その限界を突破する新たな国家構造として「琉球精神共同体」や「飛地国家」が考えられたとしたら、ニライカナイの地を精神的領土とした草案の思想と共通のものがあると思う。

太田竜氏がその著書『琉球弧独立と万類共存』（新泉社、一九八三年）のなかで、二つの憲法草案は「国家権力の廃絶」と「地球の生態系、生命系との共生、共存の原理」そして「地球連合、人類政府」の三つの柱をうち立てていると指摘していることを、大田昌秀先生が『琉球共和社会憲法の潜勢力』（未來社、二〇一四年）のなかで紹介されている。

「国家の揚棄」というのは、カントをはじめヨーロッパ思想のなかに存在するものであるが、太田竜氏の「国家権力の廃絶」もそれと同じように考えられるだろう。

「国家権力の廃絶」という点に関して、川満草案には確かに「国家の廃絶」が明文化されているが、仲宗根草案には同様の明文規定は存在しない。だが、草案第九条「何人も、琉球共和国の人民となり、また琉球共和国から離脱する自由を有する。」という条項に込めた意味は、「国民国家」の近代憲法が外国人の国民化＝「帰化」や国民の外国人化＝「国籍の離脱」の完全な自由を認めず、外国人に対する偏狭な排外主義思想で外国人差別をしてきた歴史に終止符を打つ、〝世界国家〟へ向かう開かれた過渡的国家としての琉球共和国をイメージしたことである。そして、〝世界国家〟のなかに多数の「無政の郷」が創立され、それぞれが並立していけば、〝世界国家〟自体過渡性をもつ国家に変容し、その権力は終局的には廃絶の運命にある。〝無政〟化を遂行する過渡的国家としての琉球共和国も終局的には「国家の廃絶」まで行き着くだろう。その意味で、太田竜氏が二つの憲法草案の共通点のひとつが「国家権力の廃絶」だと読み取ったことは、正鵠を得た見解であると敬意を表したい。

カントは「世界共和国」の理念を実現する第一歩として「諸国家連邦」の構築を説いたとされている。『永遠平和のために』のなかで、「カントがいう諸国家連邦という構想は、諸国家の自律性をとどめたままで、徐々に国家間の『自然状態』を解消しようとするものです。だから、世界国家への道は、『戦争を防止し、持続しながらたえず拡大する連合』しかないというのです。」（柄谷行人『帝国の構造』青土社、二〇一四年、一八九頁）と説明されている。

国家と国家との間の弱肉強食の自然状態（戦争状態）から脱し、国際的な世界平和を創設するいろいろな構想がヨーロッパでは古くから存在していたが、明治天皇制国家確立前における自由民権運動のなかでもカントの平和論のような主張がされている。植木枝盛筆記・板垣退助口授とされる『無上政法論』は実際には植木枝盛の思想を表した著作とされる。そのなかで、植木枝盛が「万国共議政府ヲ設ケ、宇内無上憲法ヲ立」てて、「今日ノ暴乱ヲ救正シ世界ノ治平ヲ致スベキ」ことを提案した（岩波文庫『植木枝盛選集』五九頁）。その「宇内無上政法」「万国共議政府」の提案は、「国家を解体して世界政府を樹立しようとするコスモポリタニズムを唱えたのではなく、どこまでも民族国家を基礎としつつその相互の武力闘争を抑制し国際平和を保障しようとするインターナショナリズムを主張するものであったこともみのがすことのできない特色であった。彼は決して国権の独立を放棄する前提の下にこの案を考えついたのではなく、むしろ相対的かつ非人間的な武力よりもいっそう絶体的かつ人道的な国権独立の保障としてこれに想到したのであるから、宇内無上政法による世界平和の維持とは、不離一体の関係にあるもの、と考えられたのである。（中略）万国共議政府は独立諸国家の国際的連合体であることを本質としている。（中略）それならば、枝盛は、民族国家を以て永久に維持すべき社会結合としたかと云へば、そうでもなかった。（中略）彼は歴史の進歩とともに当然国家の消滅せらるべき理想社会の来ることを確信し、かつ熱望していたのであり、（中略）その過渡的段階における最善の方法として万国共議政府を構想したにすぎない。彼の終局の理想は、明に国家権力のことごとく消滅した無政府社会にあったのである」（家永三郎『植木枝盛研究』岩波書店、一九八一年、二九九頁）

色川先生も、植木枝盛については「思想的な意味での現実との格闘、血の出るような自己否定はかれには見られず、むしろ『ブルジョア民主革命理論の啓蒙思想家』としての位置にとどまったと私は思う。」（『民衆史の発見』朝日新聞社、一九八四年、一六五頁）とされたが、『無上政法論』を一八八三年に出版した植木らは「その本（『通俗無上政法論』）のなかで、人類はやがて国家というものを解体し廃絶するのが、いちばんよろしい、そして自治体連合のようなものにするのがいちばんよいのだ、という構想を打ち出している。その国家を廃止するという考え方には、権力悪説、あるいは性悪説と同じようなニヒリズムが根本にあって、ためにけっきょく国家を解体し最終的に廃止して、世界中に国家というのが無くなるのが理想郷だ、という主張にいたるわけです。」（『民権百年』NHKブックス、一九八四年、一四二頁）と述べられている。

カントも植木枝盛も独立諸国家の自律性を認めた過渡的な国際的連合体から、各国が主権を放棄して形成される世界共和国へ、最終的には国家権力が消滅した無政府社会に向かう国際平和構想をもっていたと考えられる。

琉球共和国は、奄美州、沖縄州、宮古州、八重山州及びその余の周辺離島からなる、分権主義を基調とする連合国家である（草案第三条）が、琉球共和国憲法は地球連合政府に参加する日の前日に自動的に失効する（草案前文⑤）から共和国自体も消滅する運命にあることになる。その意味で琉球共和国は過渡的国家であり、そして、草案の「地球連合政府」のイメージは、期せずしてカントの「諸国家連邦」や植木枝盛の「万国共議政府」という構想と類似していると考えられるのではなかろうか。その「地球連合政府」をさしていると思われる太田竜氏のいう「地球連合、人類政府」も同じことを意味していると思う。

「地球連合政府」は植木枝盛の万国共議政府の構想と終局の理想にも重なり、終局的にはその廃絶まで行き着くだろう。そう考えると、仲宗根草案の国際的連合体としての「地球連合政府」と琉球共和国の国家の仕組みは、一定の歴史的普遍性をもつものとなっていると言えるのではないかと思う。

二　沖縄自立を喚起する憲法草案の理念

色川大吉先生は、一九八一年の自由民権百年全国集会において、民権百年のカンパニアの運動のなかで生まれた、いくつかの積極的な各地の実行団体の動きを紹介されている。武相の民権百年実行委員会では、憲法の研究だけでなく最も理想とする社会、日本国をこえて人類が理想とする憲法を起草しようとする運動が始まったことを紹介し、『琉球共和国憲法私案』と『琉球共和社会憲法私案』についても次のように述べている。

「沖縄ですでに二種類の憲法草案が発表されました。その一つ『琉球共和国憲法私案』のなかには、秩父困民党のコミューン（〃無政の郷〃）の経験を継承した〃困民主義〃を基礎理念にするという前文の宣言があって、まさに秩父蜂起の民衆が果たそうとして果たしえなかったことが、未来形において生かされているのであります。つまり、『数世紀にわたり、中国、日本及び米国の封建的、帝国主義的支配のもとに隷属させられ、搾取と圧迫とに苦しめられたわれら琉球共和国の人民は、今回困民主義革命の世界的発展のなかに、ついに多年の願望たる独立と自由を獲得する道についた』と。また『琉球共和社会憲法私案』のなかには、我々のこの運動は単に通俗な現体制に対する対決を意味しはしない。そんなけちくさいことではなくて、この体制をこえて、もっとはるか百年も先の人間の行くべき道、人類のあるべき姿の理想像を打ち出そうとした、そうした思想と気概が感じられます。例えば、それは基本理念の第二条、『この憲法は法律を一切廃棄するための唯一の法である。したがって軍隊、警察、固定的な国家的管理機関、官僚体制、司法機関など権力を集中する組織体制を撤廃し、これをつくらない。共和社会人民は個々の心のうちの権力の芽を潰し、用心深くむしりとらねばならない』等の条文にあらわれています。私はこれを読みながら、百年前の植木枝盛たちが描き出した『無上政法論』の心を想い起こさないではいられなかったのであります。」

（『民権百年』一九六頁）

『新沖縄文学』第四八号の特集「琉球共和国のかけ橋」の企画の背後には、「母なる祖国」論の日本同化志向のナショナリズムに根ざした「祖国復帰運動」から転成した「反戦復帰」運動が返還協定の「本土なみ日米安保条約適用」という政治のマヌーバーに絡めとられ無効化するなかで、新川明氏らの反復帰の思想的潮流が七〇年代の沖縄闘争や国政参加拒否闘争に関わった学生、労働者、「返還協定」反対闘争に立ちあがった在日の沖縄青年・学生や新左翼系の知識人のなかに一定程度浸透した状況があった。仲宗根草案を〈反復帰〉論の結像と評した仲里効氏らが七〇年代の代表だろう。

しかし、反復帰の思想が、主流の復帰運動体や一般民衆のなかへ浸透することは極めて微弱だった。むしろ反復帰の思想に強烈な反情を示す政党党派さえあった。

例えば、日本共産党中央委員会理論政治誌『前衛』(七一年七月号)の「沖縄問題とイデオロギー闘争」というシンポジウム(出席者は瀬長亀次郎、新里恵二、上田耕一郎ら)のなかで、「反復帰論の諸相と役割り」というテーマで、「新川明氏らの議論自体は『やけの発作』みたいなもので、反復帰論は『反革命的反人民的本質』をもつトロッキストの策動の思想的基盤となっている」とし、「新川、仲宗根氏らは施政権返還というのは敗北なんだ、これを人民の闘争の勝利として評価すること自体が決定的に犯罪的なんだというところから出発して、国政参加というのも、敵の攻撃の延長線上に組まれたもので、拒否すべきであるというキャンペーンを一年間つづけている」と批難していた。一年間云々は虚偽だが、七〇年十一月の国会議員選挙が、「沖縄議員」を儀式的に返還協定審議のための国会に参加させることによって、それまでの自治権獲得(任命主席指名阻止、主席公選要求)の闘いや教公二法阻止闘争に見られた直接民主主義的に展開されてきた沖縄の状況変革の成果を無化させ沖縄の民衆運動に秩序的・合法的に引導を渡す策謀に加担する革新政党の裏切りと堕落を許せないとして、人々が国政参加粉砕、投票ボイコットの運動をしたことは事実である。対立関係にある学生運動内の諸セクトや中部地区反戦、官公労、全軍労、自治労、マスコミ労、高教組などからの個人参加の労働者を何度も準備会を開いて結集させ、一般市民を含む五〇〇名が参加し三時間半にわたる「国政参加拒否大討論会」を七〇年十月に那覇市内で開くまでに到った国政参加拒否の運動を主導したのは、新川明氏、川満信一氏と私の三人であった。

国政参加選挙に狂奔した復帰運動指導部が「反戦復帰」の運動を反復帰の思想を中核に据えて組織化できておれば、復帰五〇年現在の沖縄の様相はかなり変わっていただろう。

現時点で沖縄独立に賛成する沖縄県民は、一〇パーセントにも満たないだろう。独立の過程と独立の結果を想像すると、独立よりも、こともなき日常の生活の方に天秤は傾きがちだ。あらゆる部門での本土との系列化や復帰後世代の若者たちの無意識の〈同化〉的生活志向の流れのなかで、沖縄の歴史、文化、言語、民俗の独自性は徐々に失われ消えつつある時代でもある。

だが、近年、琉球人が国際法上の「先住民族」に当たるとする国連機関の勧告が何度も出され、国連の先住民族権利宣言を根拠にした、先住民族としての琉球人の自己決定権が注目されてきた。クーデター的に解釈改憲した安倍内閣とその後継内閣が、アメリカとその傭兵となる自衛隊が世界じゅうで戦争をすることができる安保法制（戦争法）の下で、「台湾有事」を口実に南西諸島を核やミサイルの標的にさらす事態を作り出し、防衛予算を増大させ、いわゆる「敵基地攻撃能力」の保有さえ検討している戦争国家日本から離脱し、自立した理想の沖縄を構想するかつて無いさまざまな学的組織や琉球の自己決定権をかかげ、沖縄の政治勢力のひとつとして登場しつつある市民運動体も立ち現われてきた。沖縄差別の集中的発現である辺野古新基地建設を暴力的に強行する日本国家に対する底なしの絶望も広がっている。

そのような沖縄の現状況の下では、たとえそれがユートピア思想にすぎないとしても、憲法草案には、日米共同の植民地的軍事支配からの沖縄の解放を希求し、民衆の沖縄自立の夢と希望を喚起する理念を秘めている、と言えるのではないか。何故なら、「もともとユートピア思想というのは夢想や幻想ではなくて、現実にたいする切迫した、またトータルな批判意識の所産」（丸山真男「近代日本の知識人」『後衛の位置から――『現代政治の思想と行動』追補』所収、未來社、一九八二年）にほかならないからである。

三 「復帰五〇年」沖縄の閉塞状況
――翁長知事の辺野古埋立て承認取消しの取消し＝続いた民衆裏切りの政治史

一九七二年五月十五日の沖縄の日本「復帰」から五〇年の歳月が流れようとしている。六九年十一月の佐藤・ニクソン会談で七二年中の沖縄返還が決まり、「即時無条件全面返還」、「反戦復帰」を希求して沖縄の「復帰」運動体が理想を託した日本国憲法は、国法体系上下位にある日米安保体制に侵食され、「復帰」の時点ですでに形骸化していた。

二〇二一年十月の衆議院解散総選挙で自民党・公明党の与党が衆議院で絶対安定多数を維持した結果、与党議員の数の力をバックにして、憲法無視・破壊を続けてきた安倍内閣を継承する安倍身代わり内閣がさらに続くことになった。「復帰五〇年」の節目の沖縄にとって、ますます暗い時代を予感させる現実が進行している。

辺野古新基地建設を理不尽に強行し続けてきた安倍・菅・岸田の自公政権は、日米の軍事一体化の動きをいっそう強め、中国脅威論を煽り中国包囲網としての自衛隊の「南西シフト」による南西諸島など沖縄全島の軍事要塞化を着々と進め、二〇二一年六月には基地周辺や国境離島の区域内の住民を調査・監視する、いわゆる「土地規制法」(「重要施設周辺及び国境離島等における土地等の利用状況の調査及び利用の規制等に関する法律」)を強行採決し、基地の監視や基地建設の反対運動などを規制しようとしている。「台湾有事」を想定した自衛隊と米軍との日米共同作戦計画の原案が新たに策定され、南西諸島に有事の初動段階で米海兵隊の臨時の攻撃用軍事拠点を置くとの二〇二一年十二月の共同通信の報道もあり、二〇二二年一月七日に発表された外務・防衛閣僚による日米安全保障協議委員会(2プラス2)の共同文書では、南西地域などの自衛隊の態勢強化と、日米の施設の共同使用を増やすことや辺野古新基地建設の継続も確認された。岸田政権が検討する段階に入った「敵基地攻撃能力」の保有の決意も示された。

こうした対中国の日米共同の軍事一体化の下において、有事となれば、基地のある南西諸島はじめ沖縄全島が攻撃対象とされ、県民は命の危機にさらされることになる。沖縄県民は、米軍占領下での島ぐるみ土地闘争のような、命を守る島ぐるみの闘いを再構築する必要に迫られている。同時に、目くらましの「台湾有事」を煽って、国会審議を抜きにしてシビリアン・コントロールを無実化しての軍事化を進める自公政権の暴走を許してはならない。

先島の北方空海域での航空自衛隊と米空軍との合同訓練や各地の民間港をも使って陸・海・空自衛隊が一体で展開する統合演習を実施する軍事訓練も行なわれ、オスプレイなど米軍航空機の墜落・炎上・絶え間ない爆音・住宅地への部品や物の落下、基地内の有機フッ素化合物PFAS汚染水の公共下水道への放流、日米安保条約・地位協定にもとづく米軍人・軍属の入国フリーパスがもたらした新型コロナウイルスを基地外へ漏れ出させ、沖縄に全国ワースト・ワンの新型コロナの感染爆発を招くなど、在沖米軍に起因する事件・事故・新型ウィルス禍の拡大もあとを絶たない。

その一方で、自公政権が振りかざす「アメとムチ」による沖縄分断・支配政策は周到に続けられている。二〇一三年に辺野古新基地を容認した仲井真知事に安倍首相が二一年度までの沖縄関係予算三〇〇〇億円台の確保を約束したことをさっそく反故にして、前年度より三二六億円も大幅減額した二六八四億円の二〇二二年度の沖縄関係予算を組むことにより、辺野古新基地反対の沖縄県政を牽制し、二二年秋の県知事選挙で「オール沖縄」勢力から県政を奪還する自公勢力の政治戦略も見え隠れしている。

安倍政権以降の自公政権のさまざまな所業・悪行は問題視せず、権力に擦り寄り我が身ファーストの経済と生活の「利」を求める保守の政治勢力がある一方、いわゆる「森友」・「加計」・「桜を見る会」疑惑などで表面化した政治の私物化、二〇一三年年末の特定秘密保護法の制定を手始めに、二〇一四年七月の解釈改憲による集団的自衛権容認の閣議決定から二〇一五年九月の戦争法（安保法制）の強行採決、国民の思想・表現の自由を奪う二〇一七年六月のテロ等準備罪（共謀罪）法案を参議院法務委員会での審議を飛ばし本会議で採決を強行した徹夜の異常な国会運営など、憲法の基本構造を破壊する「憲法クーデター」というべき法治主義・立憲主義を立ち枯れさせた自民党・安倍政権とその身代わり政権を批判し、憲法と人権の「理」を追求する「オール沖縄」の政治勢力がある。沖縄は、いまその二つの政治勢力に分断されている。

一九五六年の米国下院議会のプライス勧告の発表を契機に、沖縄の各層、各地域、諸団体が団結して米軍政に抵抗し「土地を守る四原則」（軍用地料等の一括払い反対、使用中の土地の適正補償、アメリカ合衆国軍隊による一切の損害についての損害賠償、米軍が占有中の不要土地を開放しかつ新たな土地の収用は絶対に避ける新規接収反対）貫徹をスローガンにして闘われ、地料の一括払いの廃止と適正補償を勝ち取った五六年～五八年の島ぐるみ土地闘争、万余の民衆が警官隊を排除し、立法院（県議会）を包囲する実力行使で、教職員の政治行為の制限などを内容とした「教公二法」を廃案に追い込んだ六七年の教公二法阻止闘争、米国民政府高等弁務官による行政主席（知事）任命制から公選制を勝ち取ったあとの初の主席公選のさい、復帰すればイモとハダシに戻るとして本土との一体化政策を訴え、復帰に反対した自民党の西銘順治候補との選挙戦で、日本国憲法の下への「即時無条件全面返還」と軍事基地反対を訴えた革新共闘会議の屋良朝苗を当選させた六八年の自治権・平和の闘い、米軍の銃剣の威圧と解雇不安が軍雇用員を襲うなか、「首を切るなら基地を返せ」のスローガンの下で整然と敢行された七〇年の全軍労スト等々、「七二年復帰」前の異民族支配＝軍事的植民地としての憲法なき沖縄の地において、まさに日本国憲法に規定された平和、基本的人権、民主主義を希求し実質化する闘いが続けられてきた。

七一年十一月十七日、衆議院沖縄返還協定特別委員会において沖縄返還協定承認案を自民党が強行採決したため、国会への建議が不発に終わった屋良県政の「復帰措置に関する建議書」。その「はじめに」のなかに、屋良主席が「自衛隊の沖縄配備については、絶対多数が反対を表明しております。（中略）従来の沖縄は余りにも国家権力や基地権力の犠牲となり手段となって利用され過ぎてきました。」と書いたとおり、自衛隊反対の絶対多数の県民意思は、日本国憲法の下に帰った沖縄において、「復帰」直後の自衛隊移駐や自衛隊員の地域活動について全社会的に反自衛隊感情を見せていた民衆の意識は時とともに希薄化し、「捨て石」にされた悲惨な沖縄戦の記憶がいまだ消えない世代の県民の自衛隊アレルギーは、「復帰五〇年」の世代にはほとんど見られなくなった。かつて強く反対された自衛隊員の住民登録や自治体による自衛官募集業務が当たり前になされ、県の公式行事や慰霊祭に迷彩服の自衛隊が堂々と参加し、駐屯地の自衛隊員が地域の催事や清掃活動に参加する昨今の光景について、県民の違和感はほとんど見られなくなっている。のみならず、自衛隊誘致を防衛省に求める北大東村のような自治体さえ現われている。

「復帰」後の時間の経過とともに、「復帰」前の異民族支配下において、沖縄の民衆が闘いによって憲法の内実を血肉化した成果は葬り去られ、新基地反対の明らかな民意を無視して辺野古新基地建設工事を強行している現実が象徴的に示すように、沖縄は、日本政府のうち続くあからさまな沖縄差別政策に有効に抗う手段をなくし、日米安保条約＝日米軍事同盟が着々と押し進めている沖縄の軍事要塞化の現実は日ごとに進み、沖縄戦の悲惨な記憶がなお消えない沖縄の地を軍事と戦争の暗雲が覆い始めている。

近年、沖縄の状況変革の主体であった「オール沖縄」は、いまだ沖縄戦の直接的・間接的な体験・記憶が消えない老人パワーを中心に、現場に多くの老若男女を集め辺野古新基地建設反対の声をあげ続けてきた。しかし、ややもすればその予定調和的、スケジュール的な闘争戦術を尻目に国の建設工事は着々と進められてきた。沖縄防衛局は、地質調査をした業者の報告により、辺野古沖の大浦湾海底に軟弱地盤が存在する事実を二〇一五年四月時点で把握していながらそれを公表せずに隠蔽したまま、埋立て工事を着工し強行し続けていたことが共同通信や北上田毅氏の情報公開請求により暴露された。安部・菅・岸田の自公政権は、軟弱地盤の改良工事によって所要の安定性を確保することは可能だとして、軟弱地盤改良工事の技術的可能性を疑問視する専門家の意見を無視し、基地反対の沖縄の明らかな民意も無視して、「辺野古が唯一の選択肢」という根拠のないステレオタイプを際限なく繰り返してきた。そして、軟弱地盤改良工事のため、完成まで一二年におよぶ工事期間を延長し、当初の総事業費三五〇〇億円から約二・七倍の九三〇〇億円に予算を増大させ、二〇一七年十一月八日に会計検査院が海上警備費用に一億八八〇〇万円の無駄使いがあると指摘したように、警備費用に湯水のように税金を注ぎ込み、民間警備会社・警察・沖縄防衛局・海上保安庁を動員して非暴力・無抵抗で建設工事反対の意思表示をしている市民を暴圧の下にさらした。海上では海上保安官の警備艇が建設反対の市民の乗っているカヌーに衝突し転覆させ、市民を警備艇に引きずり上げ、馬乗りするなどの暴力をふるう。工事車両が入るキャンプ・シュワーブ米軍基地のゲート前には民間警備員が立ち並び、歩道に座り込んでいる市民を機動隊が「ごぼう抜き」し、警察車両と柵と機動隊の壁で囲われた歩道上の牢屋に市民を閉じ込めておいて、土砂・資材を満載した工事車両を基地内に列をなして続々と入れさせる。挙げ句のはてに、高江の森の中の針金一本を切った現場指導者山城博治氏を狙い撃ちにして、二〇一六年十月十七日器物損壊罪という微罪で違法な別件逮捕をした。そして、五か月間の異常に長期の違法勾留を続けて山城博治氏や稲葉博氏らに対する沖縄平和運動弾圧の国策刑事裁判をでっちあげた。山城博治氏らの長期の身柄拘束は、早期釈放を求めた内外の多くのメディアをはじめ、国際人権擁護団体アムネスティ・インターナショナルなど国際的な団体や国内外の多くの識者から批判・指弾されて、改めて世界に日本の人質司法の現実を知らしめ「法治国家」の恥をさらした。

こうして、六都府県から派遣された機動隊を含めた沖縄県警の圧倒的な警察力の下で、菅前首相の息子も務める大成建設など本土の辺野古新基地工事関係ゼネコンへ莫大な利益を還流させる辺野古新基地建設工事は強行され続けられてきた。

板垣雄三東大名誉教授が、『世界』二〇一八年七月号所載の論文「ナクバの奈落の底　パレスチナ問題の現在を突破するには」のなかで次のように論じている。

パレスチナ問題を考える際、日本の中にも参照軸があることに絶えず気付かされる。辺野古の新基地建設に反対する人びとは、日本の中で孤立しながらも抵抗を持続している。それにもかかわらず基地は建設されていく。パレスチナでは実弾で撃ち殺され、沖縄ではごぼう抜きという違いはあるとしても。私たちは、辺野古で座り込む人びと、道路牢の中で耐える人びとが、ガザと本質的に繋がり合う状況と対峙しているのだという直感力から学ぶべきだ。

二〇一六年の与那国島への情報収集部隊の駐屯地新設に続いて、いま、南西諸島において自衛隊基地の建設が進み、すでに二〇一九年に奄美大島に、二〇二〇年に宮古島に陸上自衛隊のミサイル部隊が配置された。駐屯地を建設中の石垣島でも陸上自衛隊のミサイル部隊を配置する計画が進んでいる。宮古島、石垣島における自衛隊基地の建設が進むなかで、現地での市民の自衛隊基地反対運動は広がらず、少数の市民たちの孤立した闘いが続けられてきた。その間、「オール沖縄」勢力は、沖縄本島からの支援活動を辺野古のようには取り組まなかった。二〇二一年一月の宮古島市長選挙で、「ミサイル配備に反対する」と公約し「オール沖縄」はじめ保革共闘で、自衛隊誘致派の現職市長（陸上自衛隊駐屯地の用地取得を巡る収賄事件で逮捕され起訴されて、二〇二二年二月二十二日那覇地裁において懲役三年執行猶予五年及び追徴金六〇〇万円の有罪判決を宣告された）を破って初当選した座喜味一幸新市長が、二〇二一年十一月五日防衛省に対しミサイルなどの弾薬搬入のための宮古島の平良港使用を許可した。そして、ついに二〇二一年十一月十四日に陸上自衛隊の海上輸送艦で平良港まで輸送された陸自の地対空・地対艦ミサイルの弾薬を積んだ大型トラック一五台が市街地を通過して、約二〇キロ先の陸上自衛隊訓練場に弾薬が搬入されてしまった。

「台湾有事」が現実化した場合はもちろん、防衛省が二〇二〇年代後半までに配備を目指している開発中の巡航ミサイルの射程を一〇〇〇キロ超まで伸ばすとされるなどの「抑止力」強化や岸田内閣が検討に入った「敵基地攻撃能力」の保有に外国が敏感に反応し、些細なトラブルから自衛・反撃を名目として不測の戦争状態に発展すれば、軍事要塞化した南西諸島が真っ先にミサイルや核兵器の標的にされることは必至である。そうなれば、日本国が再び沖縄を戦争に巻き込み、沖縄戦における「鉄の暴風」どころか沖縄が一瞬にして消滅する悪夢はただの幻想では終わらない。戦争史に比類のない沖縄「玉砕」となるだろう。

自衛隊のミサイル配備に反対しミサイルの爆弾搬入に抗議した宮古島市民たちは、高江や辺野古・安和・本部港（塩川地区）での新基地反対の現場の市民がされるように、沖縄県警察によって強制排除された。「ミサイル基地いらない宮古島住民連絡会」の代表が、平良港の使用許可は行政事務手続き上の苦渋の選択だと言った新市長に対し、「ミサイル配備は市民の命を危険にさらすので不許可の理由になるはずだ。市民への重大な裏切り行為だ」と批難したのは当然のことである。選挙で選ばれたリーダーによる裏切りの歴史がまたまた繰り返されたのだ。「母なる祖国」論のナショナリズムに発した「祖国」復帰運動は、それゆえに当然に「祖国」によって囲い込まれた。一方、沖縄の民衆の政治的意思は民衆が選んだリーダーによって費消されてしまった。戦後沖縄の政治史において、例えば、次のように繰り返されたリーダーたちの裏切りによる民意〈転覆〉によって、あるべき民主＝民意の正当性は無効化されてしまったのだった。

島ぐるみ土地闘争の最中、県民多数の意思に反して一括払いの是認を表明した土地問題渡米折衝団の団長でもあった米軍任命の二代目行政主席・当間重剛、嘉手納基地のB52墜落事件で燃え上がっていた六九年二月四日の「二・四ゼネスト」をめぐりスト破り的対応をしてゼネストを中止させ、退任数日前の七六年六月二十二日に平安座島と宮城島間を埋め立てるCTS（石油備蓄基地）竣工認可をした屋良朝苗「革新」主席、基地受け入れ反対多数の名護市民投票の結果を無視して九七年十二月に海上ヘリ基地受け入れ宣言をして辞任した比嘉鉄也名護市長、選挙公約を覆して二〇一三年十二月二十七日に辺野古埋立て承認をした仲井真弘多知事等、沖縄の内なる「ユダ」たちが連綿とつらなっている。

辺野古新基地問題で命をけずって政府にあらがったとして、没後にマスコミなどである種の「神格化」現象が見られた「オール沖縄」の翁長雄志知事には、沖縄の現在を規定している大きな裏切りがあった。その裏切りとは、私が「二〇一六・一二・二六クーデター」と呼ぶ、翁長知事が仲井真前知事の辺野古埋立て承認を二〇一五年十月十三日に自ら取り消した処分を二〇一六年十二月二十六日に取り消し（取消しの取消し）、承認を復活させ工事を再開させたことである。その結果、現在に至るまで辺野古新基地反対運動の現場も度重なる辺野古関連裁判においても沖縄は苦境に追い込まれている。政府が現在まで辺野古新基地建設工事を続けている法的根拠は、翁長知事が復活させた「承認」それ自体に他ならない。

仲井真前知事のした埋立て承認を翁長雄志知事が取り消したことをめぐり、後述する福岡高裁那覇支部における国・県間の「訴訟上の和解」とは関係なく国が県を訴えた不作為の違法確認訴訟について、二〇一六年十二月二十日最高裁が県の上告を棄却、県の敗訴が確定した。それを受け、敗訴判決とは法理的にまったく関係なく、かつなんら訴訟法的理由もないのに、翁長知事は二〇一六年十二月二十六日、前年自らした承認取消し処分を取り消し、前知事の承認処分を復活させ、和解で中止していた工事を再開させた結果、現在まで辺野古新基地工事が進められている。マスコミが流布した翁長知事の「神格化」現象の虚構は翁長知事の二〇一六年十二月二十六日の埋立て承認の取消しの取消しの行政行為の法的意味とその結果を理解し得ず、かつ、辺野古新基地阻止の公約と矛盾する翁長知事の数々の行政行為を度外視するところに発していると考えるので、「復帰五〇年」の沖縄の現在を規定するひとつの動因となった、翁長知事の二〇一六年十二月二十六日の埋立て承認の取消しの取消しの経過と意味を詳細に検証する必要があると考える。

代議制はそれが十全に機能する場合さえ民衆を奴隷にする、とルソーが考えたように、折り折りの選挙のたびに民衆を糾合し、自党派の議員当選・多数派形成に腐心し、「奴隷」化した「選挙の日だけの主権者」を空虚な代議制民主主義のワク内に囲い込む政治的結集体（政党）が、真正な議会主義の形骸化を隠蔽しその擬制を存続させる場が政治の世界である。

二〇一三年一月、県選出の国会議員、超党派の県会議員等と共に沖縄県の全四一市長村長が上京し、オスプレイ配備の撤回と米軍普天間基地の閉鎖・撤去、県内移設の断念を求めた「建白書」を安倍首相に手交し、集会後、銀座をパレードしていた東京要請行動団に対して、日の丸と米国旗をもった集団から「琉球人は日本から出ていけ」「売国奴」「中国のスパイ」などと罵声を浴びせられた。そのとき、翁長雄志那覇市長はそのパレードの先頭に立っていた。

（新川明氏は「『祖国』」意識と『復帰』思想を再審する」という論文（『沖縄の自立と日本　復帰四〇年の問いかけ』所収、岩波書店、二〇一三年）のなかで「建白書」の文言の背後にある「祖国」意識に〝奴隷の思想〟の呪縛を見ている。）

「オール沖縄」とは、二〇一三年の東京要請行動の流れのなかで、二〇一四年十一月の沖縄県知事選挙に立候補した翁長雄志氏の当選に向けて、革新諸党派、平和団体、保守の反主流派に経済界から「金秀グループ」や「かりゆしグループ」などの財界人の一部が加わり形成された、自公勢力に対抗する選挙共闘の政治的結集体であった。（二〇一八年二月の名護市長選挙で「オール沖縄」勢力の現職市長稲嶺進がまさかの落選をした。呉屋守将金秀グループ会長がその敗北の責任をとるとして「オール沖縄」の共同代表を辞任したことを同年三月一日に公表、そのさい「オール沖縄」に選挙の敗北の総括がない、呉屋氏が提案した県民投票を内部で議論しないなど組織運営上の問題を指摘し、今後「オール沖縄」と連携して県民投票の実施を目指すと述べ、二〇二一年十月の衆議院解散総選挙では自民党候補を応援した。「かりゆしグループ」も県民投票に後ろ向きの「オール沖縄」にいる意味がない、ポスト翁長は翁長しかいない、などとして社長自ら同年四月三日の記者会見で「オール沖縄」脱退を発表した。）

知事選出馬を県民に対し表明しない前に、早くも安倍首相と面談し出馬報告をして三選出馬が確定していた現職・仲井真弘多氏の対抗馬として、「真正」保守を自認し自民党県連幹事長も務めた那覇市長翁長雄志氏の名前が浮上し始めていた。仲井真弘多氏も翁長雄志氏もともに保守政治家の父親をもつ〈世襲〉の出自である。「革新」側のなかにはその出自や政治経歴からして、翁長氏が当選後に政府の「変節」工作に屈して「第二の仲井真」に変身することを懸念して、翁長擁立に懸念を示す声もあった。

選挙前の二〇一四年十一月の時事通信社の政界インタビューで元沖縄県知事大田昌秀氏が、翁長雄志氏について次のように述べていた。

翁長氏はこれまで国会に出たこともないし、政府との折衝もろくにしたことがない。彼は保守本流を名乗り、自民党県連幹事長をして基地受け入れの中心人物だった。選挙前に、自分は過去はこういう理由で基地を容認したが、今はこういう理由で反対に回っているということを説明すべきだ。しかし、そういうことを全然しない。だから信用できないところが出てくる。

選挙期日の数か月前に、私は、拙著『沖縄差別と闘う　悠久の自立を求めて』（未來社、二〇一四年）の「あとがき」に書いた。

二〇一四年十一月の沖縄県知事選挙は、沖縄の民意を無視し、海上保安庁、防衛局、警察を総動員し辺野古移設工事に狂奔する安倍内閣、正確にいえば、憲法違反の選挙で選ばれた無資格国会の指名で、「国家権力」を僭窃《せんせつ》している安倍一派による国家悪に立ち向かう民衆蜂起の性格をもたざるをえない。この選挙は沖縄の未来を決する大きな歴史的意義をもつ。安倍一派の辺野古基地建設強行こそは沖縄差別を明確に示す決定的な蛮行にほかならず、沖縄は、憲法クーデターによって憲法危機を公然化させ戦争国家へひた走る安倍晋三壊憲内閣と対峙して構造差別を断ち、悠久の自立へ向かう歴史的転換点を迎えようとしている。

安倍首相が沖縄関係予算を二〇二一年まで毎年三〇〇〇億円台とした口約束の「アメ」に目がくらみ、「驚くべき内容」と狂喜し「いい正月を迎えられる」などと浮かれた発言をして、県民の激しい反発を受けながら辺野古新基地建設の埋立て承認をした仲井真知事に約一〇万票の大差をつけて、翁長雄志氏が知事選に当選した。

翁長雄志氏は、二〇一四年十一月の沖縄県知事選挙に立候補するにさいし、二〇一四年九月十三日に五政党一会派との間で「沖縄県知事選挙に臨む基本姿勢及び組織協定」を締結し、その「基本姿勢」のなかで「新しい知事は埋立て承認撤回を求める県民の声を尊重し、辺野古新基地は造らせません。」と公約した。それゆえに、翁長知事が当選した時点から「民意」を理由とする撤回原因が生じていた。したがって、知事就任後すみやかに承認撤回が可能であり、選挙の組織協定を履行すべき政治的義務も負っていた。翁長知事による承認撤回は、行政行為の撤回の法理に適合する県知事の行政行為となるはずであった。

二〇一四年十二月の知事就任後の翌年二月に、沖縄各地の「九条の会」六団体が、知事に対し第三者委員会の検証作業を急がせ早期に政治的意思を表明するよう要請した。しかし、知事は私たちがすでに提言した「承認撤回」ではなく「承認取消し」を選択した。

埋立て承認を検証する第三者委員会を二〇一五年一月に設置し、同年七月に委員会報告書の提出を受けて、同年十月十三日、承認に法的瑕疵ありとの委員会の検証結果にもとづき、知事が前知事のした辺野古埋立て承認を取り消した。同年十月二十七日、行政不服審査法により国交大臣が承認取消し処分の効力を停止する決定をした。これに対し、県は同年十二月二十五日効力停止決定の取消しを求める抗告訴訟を那覇地裁に提訴した（この訴訟は福岡高裁那覇支部における二〇一六年三月四日の和解後に県の取下げで終わった）。

承認取消しをめぐり、国交大臣石井啓一が沖縄県知事翁長雄志を被告として福岡高裁那覇支部に提訴した平成二十七年（行ケ）第3号事件の代執行訴訟（地方自治法第二四五条の八第3項の規定にもとづく埋立て承認処分取消処分取消命令請求事件）と沖縄県知事翁長雄志が国交大臣石井啓一を被告として同支部に提訴した平成二十八年（行ケ）第1号違法な国の関与に関する取消しの訴え（地方自治法第二五一条の五にもとづく請求事件）の各訴訟も高裁に提訴されたが、その二つの訴訟に加え、利害関係人沖縄防衛局長の沖縄県に対する行政不服審査法にもとづく審査請求及び執行停止申立ても二〇一六年三月四日、福岡高裁那覇支部の代執行訴訟における「訴訟上の和解」によって取り下げられた。その結果、国の申立てにより効力が停止されていた承認取消しの効力が復活し、沖縄防衛局は「埋立て工事を直ちに中止」（和解条項第2項）したのである。

和解に至った県の弁護人らは、「和解に県のデメリットはない。勝ったも同じだ」などと言って勝利感に酔っていた。彼らの発言は、私が沖縄タイムス紙上で指摘した、安倍官邸が和解条項第9項に潜めた危険なワナについてまったく認識し得ない、法律家として和解条項の読みが足らないことを露呈させたが、後述のとおり、国地方係争処理委員会が是正の指示の適法性の判断をしなかった結果、沖縄県は第9項の直接的呪縛を受けないことになり、彼らと沖縄県は運よく救われたにすぎない。だが、それにもかかわらず、私が指摘したとおり、安倍官邸が沖縄を縛る秘策を第9項に隠していたことは、小野寺五典防衛相の二〇一八年七月二十日の記者会見での発言（後述）で暴露されたとおりである。

国は和解条項第3項によりさっそく三月七日に県知事に埋立て承認取消しに対する地方自治法二四五条の七所定の是正指示をした。これに不服の県が同第3項にもとづき国地方係争処理委員会への地方自治法二五〇条の一三第一項所定の審査申出をしたが、六月十七日、同委員会は、国と県が真摯に協議することが問題解決の最善の道だとして和解条項で予定されていた是正の指示の違法の有無についての判断を避けた。その結果、違法の有無の判断を前提にした二〇一六年三月四日の和解条項第5項（違法でないと判断した場合）及び第6項（違法であると判断した場合）は適用できなくなり、第5項または第6項で沖縄県が提訴すると規定されていた是正の指示の取消し訴訟（地方自治法二五一条の五第一項一号または同条同項四号）を沖縄県が提起する余地はなくなった。

だが、それに対し安倍官邸＝菅官房長官は、和解条項上の根拠がないのに、和解条項に従い沖縄県が提訴するよう迫ったが、県は委員会の指示した協議の継続を求め、当然ながら提訴しなかった。窮地に陥った国（原告）は、沖縄県（被告）が取消しに対する国の是正指示に従わないのは違法であることの確認を求めて、七月二十二日に不作為の違法確認訴訟を福岡高裁那覇支部に提訴した。そのさい、菅官房長官はその訴訟提起が三月四日の和解条項の範囲内にあることを強調した。また、国の代理人も第一回口頭弁論において訴訟が和解条項に従って行なわれるものである、とことさらに陳述をした。国のその意図は、勝訴するであろうと国が見込んでいる違法確認訴訟の確定判決を関係のない和解条項第9項の協力・誠実対応義務に連結させ、知事の権限行使や承認撤回の主張を封じようとする陰険な訴訟戦術であった。小野寺五典防衛相の二〇一八年七月二十日の記者会見での発言がその明白な証拠である。すなわち、承認撤回に向けての聴聞手続きに入る前に、承認の条件であった環境保全対策などでの協議に沖縄防衛局が応じないなどの留意事項違反などを指摘し、二〇一八年七月十七日沖縄県が、沖縄防衛局に対して工事の即時停止等を求めた最後通牒的な行政指導文書を発出した。これについて、小野寺五典防衛相は七月二十日の記者会見でノーコメントとしながら、「埋立て承認取消しを巡り国が勝訴した二〇一六年の最高裁判決を挙げ、『判決の趣旨に従い、今後とも国と県の双方が互いに協力して誠実に対応し、埋立て工事を進めていく』と述べ、工事を続行する考えを示した。」（二〇一八年七月二十一日、沖縄タイムス）

しかし、その違法確認訴訟は和解条項第5項または第6項に規定された「是正の指示の取消し訴訟」とは異なる訴訟であり、和解内容とは関係ない訴訟であるから、和解条項第9項が適用される道理はなく、小野寺五典防衛相の発言は、違法・理不尽なことを平気で続けてきた安倍官邸の悪辣な常套手段の一例を示したものにすぎない。

福岡高裁那覇支部での不作為の違法確認訴訟は、知事本人以外のすべての県の証人申請を却下した多見谷寿郎裁判長の猛スピードの訴訟指揮により二回だけで弁論結審され、二〇一六年九月十六日の判決で県は敗訴した。県が上告したが、二〇一六年十二月二十日最高裁が上告棄却し県の敗訴が確定した。摩訶不思議なことは、翁長知事が、最高裁の判決前から、判決後に承認取消しの取消しをするという発言を繰り返していたことだ。一方、菅官房長官も最高裁判決前の十二月十二日の記者会見で、国が勝訴した場合には、同年三月四日に成立した和解条項にもとづき、埋立て工事の再開に応ずるよう県を牽制していた（十二月十三日、朝日新聞）。翁長知事の取消し予定発言は官房長官のその再開圧力に屈した結果なのか、あるいは裏の政治的取引があったのか。しかし和解条項は第5項または第6項に規定されている「是正の指示の取消し訴訟」についてのみ適用されるのであり、違法確認訴訟には適用され得るはずはない。官房長官の牽制は、おそらく沖縄県と弁護団がこのことを問題視しない、あるいは、問題視し得ないと考えての、彼らの無能を嘲笑するが如き牽強付会の先制攻撃に他ならなかった。

訴訟類型としての確認訴訟の属性として、確認訴訟判決には執行力がないので、不作為の違法確認訴訟で敗訴したことは承認取消しをただちに取り消さなければならない必要も理由もなかった。うるま市具志川九条の会と私は、高江の座り込み闘争現場でこのことを訴えて結集を呼びかけ、十二月二十六日取消しの取消しをしないで下さいとの要請書を、以前から最高裁判決後に取消しの取消しをすると明言していた県知事に提出し、「十二月二十六日に予定している埋立て承認の取消しの取消しを思いとどまるべきです」という知事宛のビラを那覇市内でも撒いたりして、承認取消しの取消しの問題性を知事と世論に訴えた。

しかし、翁長知事は、十二月二十六日の早朝から九条の会の呼びかけで県庁一階と知事公舎前に結集した約一〇〇人の市民の、承認取消しの取消し反対の声が続くなか、知事公舎で自民党二階幹事長と会談をしていた。その日、上京する那覇空港において、翁長知事が記者団に「『これが一番良い方法だろうと。（取り消さないと）別な方面から沖縄県に対するバッシングが始まったりする。新辺野古基地は造らせない新たなスタートを切っていきたい』と語り」（二〇一六年十二月二十七日、朝日新聞）、ピント外れのバッシング云々の馬鹿げた理由で、前年自らした承認取消し処分を自ら取り消すと発表した。翁長知事は、その一月前の十一月二十八日の報道各社とのインタビューで、高江の米軍ヘリパッド建設を「苦渋の選択の最たるもの」として事実上容認する発言もしていた。その発言は、承認取消し処分を自ら取り消す前兆を示すものであったと言えるだろう。

県の承認取消し処分を取り消す書面が翌二十七日に沖縄防衛局に送達されて仲井真前知事の埋立

て承認が復活した。そして、二十七日の午後から沖縄防衛局は「訴訟上の和解」によって復活していた承認取消しにより中止されていた工事を再開した。そして、岩礁破砕許可期限切れの前に、和泉洋人首相補佐官が水産庁長官を官邸に呼び出し、水産庁の漁業権消滅に関する従来の見解を変更するよう命じた。その結果、水産庁長官が従来の見解を変更し、漁協の決議によって漁業権は消滅するとの文書を発出し、知事の岩礁破砕許可が不要になるとの見解を出した。

沖縄防衛局は、二〇一七年三月末に期限切れしていた岩礁破砕許可の更新は必要ないとして、ついに、二〇一七年四月二十五日護岸工事に着手し、埋立て工事を始めたのである。

その日の記者会見で翁長知事は、「工事は始まったばかりで二度と後戻りができない事態にまで至ったものではありません。」と能天気な発言をしていた。

承認取消し処分の取消しに反対する行動をしたのは、十二月二十六日の早朝から県庁一階及びその後の知事公舎前での具志川九条の会の呼びかけで結集した市民たちだけであった。「オール沖縄」は翁長知事の承認取消しの取消しについての問題意識さえまったくもってなかった。県庁内集会で私は、「『承認取消しを取り消すならば、同時に撤回に踏み切るべきだ』、と何度も強調し、『撤回まで踏み切らなければ、これまで知事を支えてきた県民への明白な裏切りだ』と批判した」（二〇一六年十二月二十七日、沖縄タイムス）。

民法学の阿波連正一静岡大学名誉教授はその著書『沖縄の米軍基地　加重負担と土地所有権　辺野古の海の光を観る』（日本評論社、二〇一七年）のなかで、「同月二十六日は、朝から、初めて辺野古訴訟の裁判闘争で市民の反対運動があった。」と書き、二〇一六年「十二月二十六日、翁長沖縄県知事は自ら本件承認取消しを取り消した時点で、知事権限により埋立て工事を阻止することはできないということになる。埋立て工事阻止の知事権限は、①埋立て承認の撤回、②岩礁破砕の許可、③埋立て設計変更等の承認、④サンゴ移植の許可等である。（中略）自ら判決に従い埋立て承認の取消しの取消しをすれば、『前知事の埋立て承認の適法性』を現知事が自認することになるので、その承認の適法性にもとづく埋立て工事を阻止する知事の権限行使は工事の妨害行為として違法となるからである。」（同書二三四頁）とし、「翁長知事自ら、違法確認訴訟の最高裁判決を受けて、代執行訴訟を待たずに自ら埋立て承認の取消しの取消しをするという『想像を絶する』判断をしたのである。地方自治法上、沖縄県知事自ら「埋立て承認の適法性・非不当性」を積極的に認めたことによって、翁長知事による埋立て工事を阻止または妨害する行為はすべて権限濫用として無効となるとともに、権利濫用による不法行為による損害賠償責任を負うことになるのである。これが地方自治の本旨の本質であるからである。（中略）したがって、二〇一六年十二月二十六日をもって、翁長知事の知事権限による埋立て阻止の放棄を宣言したことになる。」（同書二四五頁）と結論づけている。

「うるま市具志川九条の会」が二〇一六年十二月二十六日に翁長知事に提出した「要請書」に書いた要請理由は、次の①乃至⑥のとおりであった。

① 最高裁判決により確定した福岡高裁那覇支部の確認訴訟判決に執行力はないこと。

② この確認訴訟は三月四日に成立した和解とは関係なく国が提訴した訴訟であり、したがっ

て菅官房長官がしきりに主張している和解条項第9項（「是正の指示の取消訴訟判決確定後は、ただちに、同判決に従い、同主文およびそれを導く理由の趣旨に沿った手続きを実施するとともに、その後も同趣旨に従って互いに協力して誠実に対応することを相互に確約する。」）の適用の根拠はないこと。

③　今回の確認訴訟の判決からは承認取消しを取り消す法的義務は生じないこと。

④　福岡高裁那覇支部での弁論で知事が裁判長に問われて「確定判決に従う」と述べたことは、訴訟法上たいした意味のある陳述ではないこと。

⑤　承認取消しの取消しの法的効果は即時に仲井真弘多前知事の埋立て承認を復活させ、工事再開の道を開き工事阻止を最終的に不可能にするほど絶大なものであること。

⑥　和解条項第9項の協力対応義務を指摘していた確認訴訟提起までの政府の声明や対応を考えると、今後の知事の諸種の権限行使を有名無実化ないし無効にして工事を強行する政府の策動が危惧されること。

承認取消しを取り消した翁長知事の行政行為は、仲井真弘多前知事の埋立て承認に法的瑕疵はなく適法であることを知事自身が積極的にその正当性を認めたことを意味する。したがって、翁長知事は、「県政の柱」と毎年の庁内年頭挨拶で宣言していた辺野古新基地建設阻止のための諸種の知事権限（サンゴ類の特別採捕許可、設計概要の変更の承認、岩礁破砕許可の更新許可など）の行使にあたり、前知事の埋立て承認の正当性を大前提にしなければならないことになった。ただし、軟弱地盤の改良工事のための設計概要の変更申請については、軟弱地盤の存在は仲井真弘多前知事の承認時点では判明していなかった事実であるから、前提とされるべき事実に当たらない。したがって、玉城デニー知事は承認取消しを取り消した翁長知事の行政行為の結果に拘束されず、自由に判断できることになる。

二〇二〇年四月二十一日、沖縄防衛局が軟弱地盤の改良工事に伴う設計概用の変更申請を県に出したが、あろうことか、申請書には沖縄戦戦没者の遺骨が残る可能性が大きい本島南部の土砂も埋立てに使う内容も含んでいた。二〇二一年十一月二十五日、玉城デニー知事は沖縄防衛局の申請を不承認とし沖縄防衛局に通知した。沖縄防衛局は、二〇二一年十二月七日、またしても承認の取消しや撤回のさいにとった行政不服審査法を濫用しての対抗措置に出た。これまで同様、訴訟になるのは必至だが、訴訟で全敗続きの沖縄県がこれまでと違う新たな法的対抗方法とそのための全国的規模の弁護団補強をすることができるかが訴訟の勝敗を決するだろう。

二〇一七年からの辺野古工事の土砂搬出目的の奥港、本部港（塩川地区）、中城湾港新港地区の港湾施設等の使用許可や二〇一八年二月十六日の絶滅危惧種オキナワハマサンゴの特別採捕許可、二〇一八年七月十三日の埋立て予定海域にあるオキナワハマサンゴ九群体の特別採捕許可など、「あらゆる手段で辺野古新基地建設を阻止する」と繰り返した公言と矛盾する行政行為を翁長知事が重ねてきた理由は、自ら復活させた仲井真前知事の埋立て承認に自縄自縛された結果である。県の判断に対し翁長知事を誕生させた多数の市民団体や個人が県に対し、要請と抗議行動を繰り返した。うるま市島ぐるみ会議も、二〇一七年十二月一日の四度目の知事要請で、奥港などの使用許可を糾弾し即時承認撤回を求めた。

こうして翁長知事の二〇一六年十二月二十六日の承認取消しの取消しこそが辺野古新基地反対運動と辺野古訴訟の帰趨を決する分水嶺となっていることが明白である。しかし、新基地反対運動の現場においてさえ、十二月二十六日の意味はほとんど認識されていない。

沖縄のメディアのなかには、新聞の署名入りの解説記事に十二月二十七日の「工事再開は最高裁判決の結果」と堂々と誤った事実を書く記者さえいた。そのなかにあって、「今回の判決は違法性を確認したのみで、知事が取消しを取り消さなければならない法的拘束力はありません。唯一、この重要なポイントをこれまで主張されてきたのが元裁判官の仲宗根勇氏です。(中略)仲宗根元裁判官が指摘されてきた重要な論点を、私たち沖縄メディアはもっと早い段階から報じて世論を醸成すべきでした。県側の主張に追随する報道をしてきた私たち沖縄メディアにも大きな責任はあります。」と公式にコメントした平安名純代沖縄タイムス米国特約記者と、私との意見交換をもとに新聞紙上で論陣を張った「ジャパンフォーカス」エディターの乗松聡子氏のお二人だけが唯一の例外であった。「オール沖縄」のリーダーや沖縄県の辺野古問題担当者や県の代理人弁護人らさえ、その点について確かな認識をもっていたかどうかは疑わしい。

承認撤回を公約して当選した翁長知事は、ことあるごとに「撤回を視野に入れている」と公言し、二〇一七年三月二十五日の辺野古ゲート前での県民集会に初めて参加し、「承認撤回を力強く必ずやる」と宣伝車上の演壇から聴衆にアッピールもしていた。しかし、就任後三年も経過しても、撤回原因を法的に検討すると主張し、積み重なる埋立て工事が日々進むにまかせて、ダラダラと撤回を逡巡する一方で、二〇一三年の「建白書」に違反して米軍戦略の合理的運用を提案しているにすぎないシンクタンクの新外交イニシアチブ（ND）やマイク・モチヅキ教授らの案をベースにした「代替案」を沖縄県が策定するという右往左往までしていた（二〇一八年一月一日、沖縄タイムス）。二〇一五年六月の日本記者クラブ沖縄取材団などとの県庁での記者会見で「土地を奪っておいて、沖縄に代替案を出せと国が言っているのは政治の堕落だ」とまで論難した翁長知事が、である。ただちに私は、「知事選挙で公約し、当選後も幾度となく公言した埋立て承認の撤回をしないまま三年余が過ぎ、工事が粛々と進むいまの時点で、本来行政をチェックすべき県議会の与党議員たちが『翁長知事を支える』などと主導する県民投票、代替案策定の政治的真意は何か」（二〇一八年一月十日、琉球新報「論壇」）と世論に訴えた。

少しでも工事を遅らせようと必死の思いで現場で体を張って座り込みをしている県民・市民のなかに翁長知事不信の声が高まり、多くの市民団体の県知事に対する承認撤回の要請行動が相次いだ。「うるま市島ぐるみ会議」も知事就任直後の二〇一七年一月から十二月までに四度、二〇一八年六月に五度目の県庁要請行動で即時承認撤回を訴えてきた。

私が関係していた三団体（「うるま市具志川九条の会」、「核兵器から命を守る県民共闘会議」、「嘉手納ピースアクション」）の共同行動として、翁長知事に辺野古埋立て承認の即時撤回を求めて、二〇一八年七月十五日から二十日までの六日間、毎日午前九時から午後六時まで県庁前の県民広場にテントを張って座り込み、辺野古新基地建設問題に関する講演やコンサートもそこで同時に開催して大々的に知事と世論に訴えた。六日間で約六〇〇人の参加者があった。県が沖縄防衛局にサンゴの特別採捕許可を出した七月十三日には三団体が県水産課長らと県庁一〇階会議室で午後三時半頃から午後八時半頃まで約五時間にわたり激論を交わして抗議し、副知事と後日面談できるよう要求した。

座り込み三日目の十七日には市民二〇人ほどが県庁六階の三役室前に座り込み、「撤回」が近いこの時期に及んで埋立て予定地のサンゴの採捕許可を出した県を糾弾した。そのなかで、二十日までに謝花副知事と面会できる場を設けることを基地対策統括監が確約したので、私たちは撤収した。十八日、座り込んでいた私の携帯電話に基地対策課長から次いで基地対策統括監から、十九日午後一時から一〇名に限り謝花副知事応接室で謝花副知事が面会するとの連絡が入った。それにもとづき、各団体代表ほか一〇名の出席者を決めて、十九日午後一時から一時三〇分まで副知事と非公開で面談した。副知事は、防衛局が土砂投入を予定している八月十七日までの承認撤回に向けた聴聞手続きを来週中に開始すると初めて明らかにした。私は、聴聞期日が防衛局の出方次第で続行期日が重ねられる恐れがあり、八月十七日までの撤回に間に合わなくなる恐れがありうると、副知事に申し上げたが、弁護団とも協議し日時を逆算し問題ないと述べていた。

私たち市民と副知事の面談は耳目を集めた。マスコミの反応は、「県幹部が撤回の時期に言及するのは初めて。さらに、市民との面談の場で自らの『手の内』を明かすのは異例の対応だった。」(二〇一八年七月二十日、沖縄タイムス)という評価だった。しかし、県政与党の反応は、「名護市辺野古の新基地建設を巡る埋立て承認撤回時期に関し、翁長知事を支える県政与党へ事前に説明がなかったことに与党内から不信の声が上がっている。この日、謝花喜一郎副知事が新基地建設に反対する市民らへ月内の聴聞着手を伝達したことに、与党幹部は「『これだけ重要な決断を与党に知らせず市民団体へ先に表明する意味がわからない』と天を仰いだ。」（二〇一八年七月二十日、沖縄タイムス）とか、「聴聞手続きに関しても謝花喜一郎副知事が撤回を求める市民団体へ伝える形で明らかになった。与党内では『どれだけ信用されていないのか。われわれの片思いなのか』と嘆息が漏れた。」（二〇一八年七月三十一日、沖縄タイムス）とか「この対応や発言を巡り、県議会与党会派は『大事な方針を、与党への説明もなく市民団体に先に話をするのはおかしい』と反発した。」（二〇一八年七月二十六日、琉球新報）などと、市民団体・市民を下手に見る「議員先生」たちの心理をはしなくも露呈したものだった。

二〇一八年七月十七日付で沖縄防衛局に工事の即時停止を求めた沖縄県の最後通牒的な行政指導に対し防衛局は、同日「工事を停止する必要はない」と回答した。ここに至りついに七月二十七日、副知事が面談で述べていたとおり、膵臓がんの切除手術を受けた翁長知事が、沖縄防衛局の工事が環境保全に配慮せず、軟弱地盤の存在など公益に適合しないことを理由に承認撤回に向けた聴聞手続きに入ることを記者会見で表明した。その時点まで与党内には二か月後の知事選への翁長知事の再出馬の期待があり、翁長氏以外の選択肢はなく、そして、知事の聴聞手続きの表明は知事選などに向けた知事の政治的戦略だとする意見もあった。

確かにその記者会見の冒頭、知事が辺野古新基地の是非を問う県民投票の署名活動の成果について言及したことは、それまで再選出馬について明らかにはしてなかった翁長氏自身が、病身ながら内心でなお再選の意欲をもち続けていたことを示していたと思われる。県民投票を成功させて、一期目の選挙のときと同じように「オール沖縄」で民意を結集し再選に勝利する戦略を描いていたのではないか。一度は消えていた県民投票論を再起動させた「オール沖縄」の県政与党や県民投票推進論者の思惑もそこにあったのではないか。

しかし、病魔が政治家翁長雄志の思いを阻んだ。八月八日午後、膵がんのため死去、その翌日の聴聞手続き、八月三十一日の承認撤回の宣言は知事の職務代理者となった謝花喜一郎副知事が執行した。

沖縄防衛局が埋立て承認に付された「留意事項」に違反し、県の度重なる行政指導を無視するなど、承認を撤回すべきチャンスを何度も黙過し逡巡してきた翁長知事が、死去直前八月四日の病室で「撤回は自分でやりたい」と謝花喜一郎副知事に語ったと報じられた（二〇一八年八月十一日、沖縄タイムス）。病苦のなか、最後に承認撤回の公約を実行したい意思を示したものだろう。しかし、与党内には「結局、土砂が入れば後戻りできないという一部の市民の声に追い込まれた。与党が市民から知事を守れなかった」（二〇一八年七月三十一日、沖縄タイムス）という意見もあった。確かに、二〇一八年七月十五日から二十日までの六日間の県庁前・県民広場の座り込みを含め、翁長知事を誕生させた市民・市民団体の承認撤回の要請活動やサンゴの移植許可等への抗議行動が死期を自覚した知事にインパクトを与えたことは否定できないだろう。翁長知事が承認撤回の手続き入りの表明もせずに死去していれば、「神格化」どころか、公約破り知事という汚名だけが残ったかもしれない。その意味において、市民の知事への要請や抗議行動が逆に翁長知事を救った、とも言えるだろう。

翁長知事が病魔に襲われず、二〇一六・一二・二六の承認撤回の取消しの取消しもしていなければ、二〇一六年三月四日の和解によって埋立て工事が中止されたままの状況が続き、その後の埋立て承認の撤回や設計変更申請の判断などの県の対応は容易になり、国が行政不服審査法を濫用して県の行政行為を無効にする悪知恵を働かせる余地も与えなかっただろう。そして、辺野古新基地反対運動の現場も窮境に追い込まれず、訴訟も戦術的に優位に立って遂行できていただろう。そうなっておれば、「復帰五〇年」の時点で自立へ向かう沖縄の明るい未来が展望できたはずである。「復帰五〇年」の沖縄の状況を考えるとき、翁長知事が二〇一六年十二月二十六日に自らした辺野古埋立て承認取消しを自ら取り消して「埋立て承認」を復活させた結果、工事が再開されて沖縄が「基地の島」から脱出する道を困難にした民衆裏切りの歴史は、いくら強調しても強調しすぎるということはない。その経過を詳論した所以である。

ロシアのウクライナへの軍事侵略・市民殺傷の非人道・戦争犯罪に怒り悲しむ日々に

二〇二二年三月末日脱稿

「『琉球共和国』夢譚」再論

新川　明

一、「憲法」誕生の虚実——はじめに

『新沖縄文学』★1第48号（一九八一年六月三十日発行）が「琉球共和国へのかけ橋」のテーマで特集を編み、その柱として二本の「憲法」草案を掲載発表した。「琉球共和社会憲法C私（試）案」と「琉球共和国憲法F私（試）案」である。「C私（試）案」は川満信一、「F私（試）案」は仲宗根勇の起草によるもので、「川満私案」は論集『琉球共和社会憲法の潜勢力』（二〇一四年六月、未来社、以下『潜勢力』と略）として上梓されて広く世に知られてきた。

このたび「仲宗根私案」も同じ形で上梓されることになり、これで〝琉球共和憲法〟をめぐる議論の両輪が揃うことになった。

前記の「憲法」二案は、沖縄戦後思想を研究するうえで貴重な資（史）料である。従って、雑誌特集における「憲法」策定から発表に至る経緯は、議論の前提になる基礎的問題と言える。ところ

が残念なことに、事実に反する言説がくり返されて、時には研究者に誤った認識を与え、折角の好論に瑕疵《かし》を生じさせる事態がみられるため、「憲法」発案から雑誌掲載発表に至る全過程を詳述、流布される誤った言説の真疑を明らかにすることにした。

まことに煩雑で気が重い作業だが、同特集に関わった当事者としての責任でもある、と考えるからである。

× ×

問題は、川満信一と比屋根薫の対談のなかで突発した。

川満が「C私（試）案」を案出した時代背景を説明したうえで、「幸い僕が『新沖縄文学』の編集責任をまかされたから掲載できたのです。」と発言したことが問題の発端であった（雑誌『情況』二〇〇八年五月号）。

この発言が歴史的事実として独り歩きすることが懸念されていたところ、前記『潜勢力』の編者・仲里効がこの川満発言を踏まえた論を展開するなど危惧は現実になったのである。

仲里効は『新沖縄文学』が「琉球共和国へのかけ橋」を特集したことの意義を強調したあと、「川満信一が編集長になってはじめて取り組んだことと、川満信一が編集長になったからこそ実現した特集であった」と断定したうえで論をすすめるに至ったのであった。

このように、慧眼の批評家・仲里効の眼力でさえ曇らせた川満発言を看過できず、沖縄地元誌で誤りを指摘したことがある（「時の眼――沖縄批評誌『N27』第4号、二〇一五年一月、発行人比嘉豊光」掲載の小論「『琉球共和国』夢譚」始末」）。

そこで私は、『新沖縄文学』が「共和国」特集をした時代背景を概観、特集に寄せられた反響(批判と称賛など)を紹介したほか、「川満私案」に比して注目度が低い「仲宗根私案」の再論を期待する私見を述べ、小論の結びで川満発言の誤りを「才子の勇み足」とする指摘にとどめて深く追及することをしなかった。

これで〝一件落着〟と考えたからである。

ところで、前記の『潜勢力』においても川満信一は自らの「憲法私案」を語るなかで、問題発言を繰り返していたことを、この際あらためて提示したい。

「国家が仕切る国境対立から脱出する方法を考えなければ、琉球諸島をはじめ、世界のマイノリティーの未来は拓けない。(中略)……というわけで「共和国」をあえて採らず「共和社会」としてイメージを追ってみようと試みていた。」と前置きして論断するのである。(同書三四頁)

そのころタイミングよく、「文化と思想の総合誌」として沖縄タイムスが発刊してきた「新沖縄文学」の編集責任を任されることになった。さっそく「琉球共和国へのかけ橋」と題して、特集を組んだ。(以下略)

折角の、「川満私案」を称揚するために上梓された論集における発言ゆえにこれを黙視、あえて誤りを指摘せず打ち過ごしていたところ、さらに七年の歳月を経た二〇二一年に至って、事実を曲げた一文を、〝書き下ろし〟で公表する(三木健編『沖縄と色川大吉』二〇二一年九月七日刊、不二出版)。

『新沖縄文学』第48号特集を審議する編集委員会[★2]における審議状況と「憲法」誕生の経緯を恣意的に組み立てた新らたな一文はつぎの通り。

一九八一年に『新沖縄文学』の編集責任に回ったとき、同誌の編集委員たちは「琉球共和国へのかけ橋」という四八号の特集を決めていた。編集責任者として、その案を審議したときに、私は国家のフレームを越えなければ、琉球のような少数民の未来に希望は見出せない、と共和国憲法草案ではなく共和社会憲法案にすべきだと異見を出した。それならば二つの憲法草案を併載すればよい、とたしか岡本恵徳委員が発言し、それで決まり、となった。

ところがそこへ前編集責任の新川明委員がやってきて、修正はダメだとやり直すことになった。今度は新川委員が議長役になって、再度一項から審議し直したが、結局は、草案二つの併載も承認することになり、元の修正案通りになった（同書二三〇頁[★3]）。

この発言は、前述の『潜勢力』発言とも矛盾するが、それはさておき、ここで語られているのは、権限を持たない人間が会議に割り込み、これを専断、我見を押し通そうと画策する。結局、通らなかった、というひとりの男（新川）の醜態を描く物語である。

そしてここに、同特集研究の前提となる事項が抹消されて再び事実に反する言説が流布拡散する懸念の解消とあわせて、たび重なる川満信一の「誤解」を丁寧に解きほぐすことが、友人としての責務と考えるに至り、ペンを執ることにした。

本稿で、まず事実の解明に取り組む所以である。

二、「憲法」誕生への道程

『新沖文』と『大百科』

『新沖縄文学』の「共和国」特集と沖縄タイムス創刊35周年記念事業として取り組まれた『沖縄大百科事典』の刊行事業は、担当編集者の人事面で密接な関係がある。

そもそも『新沖縄文学』48号特集企画で、独自の〝自主憲法〟策定を提案したのは上間常道[★4]であった。

つぎに上間の証言を引く。

新沖縄文学の編集部を離れ、沖縄大百科事典編集部に移籍してまもなく、新川さんが夜遅く編集部に見えられ、「新沖縄文学向けの何かいい企画はないか」と訊かれたとき、ふと思い浮かんだのが五日市憲法だった。沖縄の民衆が自主憲法を起草する――このイメージは新川さんを中心とする委員会で具体化され、川満信一さんの「琉球共和社会憲法C私（試）案」と、仲宗根勇さんの「琉球共和国憲法F私（試）案（部分）」などとして結実した。（第三次『現代の理論』三号、二〇一四年一二月）

上間常道の示唆を受けて編集委員会で審議、決まった第48号の特集内容は、その前の号＝第47号（一九八一年三月三十日発行）に「次号予告」として発表された。

公表された「次号予告」の特集標題は、「特集　琉球共和国」、第1部のテーマを『『琉球共和国』夢譚』として「憲法起草委員会」★5の座談会「幻の琉球共和国」と「琉球共和国憲法草案」の発表を掲げる。さらに、『『小国寡民』夢のかけ橋』のテーマで、日本、琉球双方から選定した識者各十二人の寄稿者（予定）を列記、特集の骨子を表示した。

この「予告内容」が大きく変わったのは、標題の「特集　琉球共和国へのかけ橋」となったのと、編集委員会の委嘱を受けて起草された「仲宗根私案」が「共和国」となっていることに、「国家」否認を持論とする川満信一が異議を唱えたため、あらためて審議をし、川満にも独自の草案の提出を求めて二案併載になったことである。

その審議の経過は、『『憲法』草案への視座』と題し、「匿名座談会」の形で第48号に掲載されており、二案併載に至った経緯を知ることができる。

ちなみに二案併載にあたって「川満私案」を「C私（試）案」とし、「仲宗根私案」を「F私（試）案」として発表したのは、前記匿名座談会における発言者を発言順にアルファベットで表記したものを付しただけで特別の意味はない。

そこで、今後の研究の一助に、その実名を明らかにしておきたい。

A＝牧港篤三、B＝新川明、C＝川満信一、D＝岡本恵徳、E＝新崎盛暉、F＝仲宗根勇、G＝

仲程昌徳、H＝上間常道である。（このうち牧港、岡本、新崎、上間は故人となる）

発言順に拘らず牧港篤三を「A」としてトップに表記したのは最年長者であることと『新沖縄文学』創設者であり、現役の「沖縄タイムス社相談役」の役職にあったからで、以下は発言順である。匿名座談会には我部、比屋根両委員は欠席、「F」＝憲法起草者と「H」＝憲法発案者に加わってもらった。

また、それぞれの「私案」に（試）を付けて「私（試）案」という見馴れない表記にしたのは、当初企画が単一の草案を策定、「起草委員会」の名で発表することになっていたため、この両案も、それへ向けての〝試みの私案〟という含意があってのことであった。

ともあれ、この匿名座談会を一読すれば前述の川満発言の虚構は明らかにされようが、コトの真実を明確にするために、当時の『新沖縄文学』と『沖縄大百科事典』編集部をめぐる社内「人事記録」の面から問題の核心を考えてみたい。

「人事記録」は語る

一九八五年五月、沖縄タイムス社は創立35周年記念事業の目玉企画として『沖縄大百科事典』を刊行した。

その編集の中心になった上間常道は、自身が文化事業局出版部から沖縄大百科事典編集部に移り、事典刊行にあたった経緯をつぎのように述懐している。

八〇年の年明け、出版部会で新川さんから三年後の八三年に迎える本紙創刊三十五周年記念事業の一環として『沖縄大百科』を刊行したいとの話が出されました。(中略)「誰か責任を持ってやらんか」と呼び掛けられましたが、誰も手を挙げませんでした。後日開かれた会議では、雑誌担当の後任は会社が責任を持って決めるとのことでしたので引き受けることを決意しました。部員もそれを受け入れてくれ、ここに百科刊行の扉が開かれました。(中略)本格的な企画は、七月に七人の臨時編集員を採用したあと、新川編集長に従って山陽新聞社、東奥日報社を視察訪問したあとで策定しました。〉(日本編集者学会編『Editorship』4号収載「『新沖縄文学』と『沖縄大百科事典』のこと」)。

上間の賛意を得て会社に提案し、刊行事務局を発足させて同年五月には『大百科』刊行の「社告」を打って事業はスタートした。

一方、上間が去ったあとの『新沖縄文学』は、第46号(八〇年九月発行)から第47号(八一年三月発行)まで六カ月の日時を費やすなど「季刊」の原則を守れない状態が生じた。その間を友利雅人[★6]がつないで第47号を刊行、第48号以降は、専任の担当者として新規採用された渡慶次恵美子(現・長嶺)に引き継がれて季刊発行は正常化する。

そこで肝心の第48号「共和国」特集問題だが、ここに貴重な関係文書[★7]がある。特集「企画案」と「執筆要項」を添えた〝寄稿依頼〟の文書である。

「一九八一年三月十日　沖縄タイムス文化事業局出版編集部長新川明(担当渡慶次恵美子)」名義

で発送された当該文書は、前記の「次号予告」通り選定された寄稿予定者をはじめ、特集企画の全体が、川満信一が出版部長に就く以前に確定した事案であることを示している。

手元にある当時の沖縄タイムス社「人事記録」によると、川満が「文化事業局出版編集部長（次長待遇）兼『沖縄大百科事典』編集次長」として編集局から異動の発令をされたのは「八一年三月二十四日」付で、前記の執筆依頼の寄稿「締切り」は「八一年四月二十五日（土曜日）」。川満着任時の一ヵ月も前に発送されていて、同年六月三十日発行の「共和国」特集「第48号」の編集作業は、終盤に差し掛かる段階である。

上間常道の『沖縄大百科事典』への異動のあと、私は「文化事業局出版編集部長」兼任のまま「大百科事典編集長」を命じられて（八〇年八月一日）、『大百科』と『新沖文』編集の「二足の草鞋《わらじ》」をはき、上間と共に辛苦の道を歩むことになるが、「八一年三月十六日」付で本紙編集局長を兼任することになって、『大百科』編集長はそのままで文事局出版編集部長職は解かれた。その一週間後に、川満信一が後任として発令されたのである。

そこで、八一年六月三十日発行の「共和国」特集『新沖縄文学』第48号は、「編集人　川満信一、発行人　玉城義弘」名義で刊行されることになるのである。

「編集人」は責任者として巻頭コラム「石鼓」と「編集後記」を執筆、発行された誌面の全責任を負う。当然の成り行きであって、いささかの疑義も生じない。

その限りにおいて、仲里効が前記の論集で「興味深いのは、この特集は、新川明から川満信一が編集長を引き継いだ最初の企画であった」と記したのは誤りではない。既述のように、受け取った誤った情報を踏まえたままの文脈で論述したため正鵠を失ったにすぎないからである。

前記の「匿名座談会」が開かれたのは、川満着任の一ヵ月後の「八一年四月二十五日」である。すでに同誌編集部を離れた私が、その議長役として司会をつとめたのは、特集企画の策定から二十数人に及ぶ執筆者の選定など特集の全内容を審議決定する編集委員会を主宰して取りまとめた「前編集人」としての責任によるもので、同座談会は、特集企画の総仕上げ、締めくくりの仕事であった。

以上、詳述した経過によって、川満信一が語った〝物語〟の虚構は解明されたと思う。

このように、本論集の主題と異なる問題をめぐって、多大の紙幅を費やしてきたのは、〝自主憲法〟企画案提起の原点となった「色川大吉」と沖縄の、〝絆〟の深さを編集した『沖縄と色川大吉』(前述)において、川満信一がわざわざ「書き下ろし」で〝虚構の物語〟を発表したことを座視できないからである。

同書発刊の日(二〇二一年九月七日)に、色川大吉は逝去された。深い学恩を受け、厚誼を頂いた者のひとりとして、その追悼集ともなった著作で事実を曲げ、故人となった人も含め、当時の編集委員諸氏の面目と個人の名誉を傷つけかねない〝物語〟を書き下ろす川満信一を、一九五〇年代からの盟友であっただけに、その「過《あやま》ち」を看過できないのである。

『新沖縄文学』が休刊(事実上の終刊、一九九三年五月十日、第95号)にあたって実施した定期購読者・執筆者へのアンケートで「これまで読んだ『特集』のうち、記憶に残っているもの」の設問に、第48号「共和国」特集が第一位を占めた。この成果を、当時の編集委員会委員、寄稿者、担当編集者を含めて特集に関わったすべての者は、心静かに喜びを分かち合いたいものだ、と切に思う。

三、「夢譚」としての企画——「仲宗根私案」の誕生

既存の国家のなかにあって、その国家体制とは別に自らの生存のあり方を規定する基本的な理念を示す独自の「憲法」を提示することは、その国家からの離別を宣言し、自らの生存域はこうありたい、と希う〝想像の共同体〟の設計図を描くことである。その限りにおいて独立論を含めてその設計図を構想する精神の営みは〝夢〟を語ることであり、第48号の「共和国」特集を「夢譚」としたのは当を得た着想と言えた。

現実には未《いま》だ存在しないが、遠い未来、実現したい〝夢〟に仮託して現前の情況を撃つことを企図しているからである。

そこで「夢譚」としての企画の主旨は、執筆寄稿者にどのように伝えられたか。

今年は「復帰」十年目を迎えますので、琉球弧に生きる私たちのあるべき姿、人間として生きていくための空間のあり方を考えることにしました。

「琉球共和国」に単なるユートピアを求めるのではなく、自主的な生き方の方向性としての

「夢」を探り、あわせて改憲論議にみられる日本国の保守化＝反動化傾向への、琉球弧からの拒否表明の企図も含むものです。（「執筆依頼書」）

そして、日本、琉球双方から各十二人の著名な評論家、文筆家を選出、『「小国寡民」夢のかけ橋』をテーマとするメッセージ（エッセイ）の寄稿を願う依頼文書の「執筆要項」はつぎのように記す。（傍点筆者）

第I部のエッセイ「小国寡民」夢のかけ橋について
この章のエッセイは、〝知的遊戯〟の場所と考えて下さい。
（イ）日本側からは「琉球弧へ」ということで、琉球の私たちに呼びかける形で、あるべき生活空間へ寄せる「夢」を奔放に展開して頂きたく思います。（略）それでいて特集テーマについて読者の知的想像力を刺戟して頂く内容を狙いたい、と欲張っております。
（ロ）一方の「琉球弧から」は、前記同様の「夢」を語って頂くわけですが、できるだけ地域に密着した形で、想像力を発散させて頂ければ、と思います。

また、「憲法」両案をめぐる「匿名座談会」で司会の「B」は、会議の冒頭で特集企画の主旨をつぎのように述べた。

もともとこの企画は、復帰十年目をむかえる現在の状況の中で、単なる復帰十年の総括風のものをやっても意味があるとは思えない。そこで現在の否定的な状況に対置する一つのアンチテーゼとして、しからば〝こうありたい〟というような〝願い〟なり〝思い〟なりを膨らみのあるイメージの中で展開してみようというところから出発しています。その具体的なものとして「琉球共和国」というイメージを想い描きながら、その中で現状に対するアンチの視点を喚起しよう、ということです。

つまり、特集は、〝夢〟を語る「夢譚」（＝夢物語）として設定されたわけである（これを〝知的遊戯〟と形容したのは〝コトバ遊び〟が過ぎ、いささか不適切であった）。

そして、この設定が寄稿者の執筆に一定の制約になったことは否定できず、「憲法」草案の起草を委嘱された仲宗根勇も例外ではなかった、と考えられる。（制約のない自由な発想で独自案を求められた川満信一との違いである。）

それにも拘らず「仲宗根私案」は、〝遊び心〟を加えながら特集主旨に添う細心緻密なコメンタール（注釈）を付記することによって、志向する共和政体の具体像を確かなイメージで描き出し、八〇年代中期、注目されながらも日の目をみることがなかった玉野井芳郎教授の「沖縄自治憲章（案）[★8]」を凌駕して出色の出来栄えといえた。リアリティーの問題である。

ところで、特集の目玉となる〝自主憲法〟起草者を決める時、私は迷うことなく仲宗根勇を編集委員会に推挙、その了承を得て起草を委嘱した。私が仲宗根を推挙したのは、同氏が法律家であるだけでなく『新沖縄文学』とも深い関わりがあり、個人的には「国政参加拒否闘争[9]」（一九七〇年十月）を、川満信一も共に闘った同志でもあったからである。

『新沖縄文学』との関係は、同誌が初めて行なった「内なる祖国」をテーマにした懸賞論文に入選（一九六九年八月、第14号発表）、少壮気鋭の論客登場として注目されたのが始まり。以後、「憲法と沖縄」（六九年十一月、臨時増刊号）、「沖縄の遺書」（七〇年十二月、「反復帰論」特集号）、「民衆にとっての憲法」（七二年六月、「憲法を考える」特集号）、「理念なき闘い——沖縄政治の生理と民衆の死」（七五年二月、「戦後三〇年」特集号）と寄稿はつづけられ、「共和国」特集企画の直前には「沖縄革新の没落と再生」（八〇年三月、第44号）を寄稿していた。

日本の雑誌媒体では、主として新左翼系の総合誌『現代の眼』（一九八三年終刊）への寄稿も多く、「共和国」特集の主旨（反国家権力、平和希求）に添う最適任者と考えての推挙であり、起草委嘱であった。

期待通りの「草案」を得て安堵したのも束の間、川満信一の異議によって再審議の結果、川満にも独自案の提出を求めて両案併載で決着をみたのが事実の経過である。

四、「夢譚」への応答

「憲法」草案を含めて〝夢の共和国〟構想を前提に提示された特集に関わる応答として、三つの波があった。

第一の波は、「琉球共和国」を想定した企画そのものに触発されてその実現を期待し、特集号に寄せられた共感と挑発の波である。

第二の波は、特集号発行直後に発せられた痛烈な批判の矢である。

そして第三の波は、時を経て上梓された『潜勢力』において展開された「C私（試）案」（川満私案）に対する称賛の大きな波である。

それぞれの波における代表的な意見をつぎに摘記する。

×　×

かねて琉球人の自立を主張してきた米国イリノイ大学教授・平恒次（当時）は「新しい世界観における琉球共和国」と題してつぎのように提案し、「琉球共和国」建国の可能性を説いた。

「（奄美を含む）琉球列島を領土とする琉球共和国」と、日本をはじめ世界各国に住む琉球をルーツとする「すべての琉球人を一種の精神共和国として組織し、この精神共同体と領国共和国との二元連立統治機構」の創出を前提にした「経済的自立」構想を具体的に論述する内容である。

この構想は、「琉球列島内外の高度の協力がないまま、琉球列島を領土とするだけの形式的在来型国家としての琉球共和国は存立しえない」という現状認識に立ち、「全世界のユダヤ人社会が健全であったからこそ、イスラエルの建国が可能だった」という歴史認識を前提にした立論である。

「共和国」特集の核となる〝自主憲法〟策定のきっかけになった「五日市憲法草案」を発掘周知さ

せた色川大吉は、「『琉球共和国』の詩と真実（基本構想）」と題して呼びかけた。

「琉球共和国」が独立してほしいという思想は、百年前の日本の自由民権家植木枝盛の著作の中にもあった。

それが今ようやく実現の時を迎えて、私は心から喜びたい。「琉球共和国」よ、古い諸国家のあやまちをくり返すな！　縦横無尽、奔放自在な民の創意性を発揮して、真に自由な土地に自由な共同社会をつくってほしい。（中略）琉球共和国憲法が採択されるという。それには少なくとも次の十項目はいれてほしい（以下十項目は略す）。

そして、「琉球共和国ぜんたいを一個の完璧な美術館のような『くに』たらしめよ。この地上にならぶものなき最高に美しい『くに』たらしめよ」と希望を述べて、「エメラルドの海と緑の田園と都市全体」の景観を一変させる一大改造計画案を示す。

こういう夢を完全に実現しようとすると、最低一〇年計画の事業と大金を必要とする。私の研究所の試算によると約一、〇〇〇億ドル、日本円で約二〇兆円ほどの巨額になる。これをどう調達するか。次のような方法がある。

提示された調達法は、「日本国と米国の戦争によって犠牲にされた三〇万人の琉球国民に対する弔慰補償金四兆八〇〇〇億円」など四項目、総計二一兆九、〇〇〇万円（前記事項に関して日本国よりすでに供与された全額一兆九、〇〇〇万円。差引受取権利分約二〇兆円）。これを日米両大国に請求する」というもの。

およそリアリティーに欠けるとはいえ、「夢譚」に相応しい構想であり、それだけ「琉球共和国」への期待と夢が大きい証左と考えられよう。

「小国寡民の理想」の信奉者を自認する中野好夫は、「ビヴァ『小国寡民』」と題するエッセイで、「この問題、とりわけいまこそ心ある沖縄のみなさんにとり、十分検討再考していただくに値いする問題だと確信するのだ」と断言、「日琉同祖論」の虚妄を説き、自ら沖縄の「祖国復帰運動」に関わった苦渋の経験と悔悟の想いを語って、最後はつぎのような応援のメッセージで一文を締め括っている。

小国寡民、万歳である。だが、百万近い人口を擁し、二四〇〇平方キロに及ぶ国土をもつ沖縄は、いまや必ずしも小国ではない。より小さい独立国ですら世界にはいくらでもある。旧態依然、本土政府の中央集権志向が変らないかぎり、そろそろ諸君らの祖国観は、大きく変ってもよい時期に来ているのではあるまいか。

前記の色川、中野両氏はもちろん、日本側からの提言やメッセージは、いずれも自らの国＝日本国の現実への〝愛想尽かし〟表明の裏返しとしての、琉球人による「琉球共和国」建国志向への期待と激励と応援とさらには挑発の意味合いを持つもの、と私は受け止めた。

××

琉球側からは、それぞれが思い描く夢や希望する「琉球共和国」像が多様に語られて、独自の「共和国」構想への関心の深さを感じさせた。

牧港篤三は、ミクロネシア、パラオ共和国の独立への歩みを例示しつつ「レケオ共和国」の夢、安里英子は「ブルー革命」（島のトリデであるサンゴ礁を守る闘いの中からうまれた国造り）」で達成する「琉球・シマ共和国」の夢を語り、高良勉は現下の「国家と国家に分裂し対立する世界を消滅・止揚させる為に過渡的に創られる『琉球ネシア共和国連邦』構想を描く。

さらに新元博文（奄美）「シマ社会の自立・独立」、金城朝夫（八重山）「琉球共和国の可能性」、宮川耕次（宮古）「この世を楽しむシマの論理で！」と独自の自立論がつづくなかで、特に異色の二篇が目を引いた。

中里友豪「天皇のいない国」と友利雅人「見果てぬ夢」である。

中里は語る。

「『琉球共和国』を夢想するとき、まず頭に浮かぶのは、天皇のいない国である。そのことを思うだけで解放された気分になるから不思議だ。」

そのうえで日本と琉球の、天皇（制）を受け入れる精神的素地の相違を指摘、明治以降の「皇民化教育」の強行と、その結果直面した「沖縄戦」の惨禍を経て、敗戦後の「祖国復帰」運動から一九七二年「復帰＝再併合」に至る近現代史を概観する。

そこで中里が注目するのは、琉球住民が前記の天皇（制）に馴染まない精神的素地に加えて、一九四五年「敗戦」から七二年「復帰」に至る二七年間、「天皇（制）と無縁の時間を持つことができた」ことである。中里の〝夢〟は膨らむ。

「二七年間という時間のなかで培われた〈本土・中央を相対化する〉思想は、真っすぐ天皇に向かう力をまだ失っていないはずだ。」

その可能性に希望を抱きつつも「沖縄は本土ほど天皇（制）に縛られていないとはいえ、まだまだ崇拝者は多い」と、不安は隠せない。――そのような葛藤のなかでつぎの結論を下す。

> 沖縄は元来天皇（制）とは無縁であったがゆえに、それを無化する力があるはずである。「琉球共和国」をイメージとするとき、その無化する力をどう抽き出し組織するかが、まず問題にされなければならないだろう。
> 天皇（制）を断ち切り、その桎梏から自由になる、そういう意識の変革がなされなければ、幻想の中であれ、「琉球共和国」の成立はあり得ないだろう。」（傍点筆者）

そもそもどのような形であれ「琉球の自立」という問いは、まず日本国との関係において、琉球人個々が、心身ともにどのように決着をつけるのか、という難問に逢着する。その難問とは、とりもなおさず日本国存立の基礎をなす「国体」の存続とその「国民」を呪縛してやまない「天皇

〔制〕」の問題とどう向き合い、身を処するのか、という問いである。

この問題を提起した中里の応答によって、「共和国」特集は形を整えることが出来たと言える。中里と並んで注目される友利の一文は痛烈であった。その要点を摘出する。

琉球共和国、それが不可能であるがゆえに〈幻〉ということになるのでしょう。畢竟、見果てぬ夢にすぎない。（中略）数百年あるいはそれ以上の歴史をかけた夢。しかし夢の話をする前に、わたしたちがどこに立っているか、よく見極めておくべきでしょう。そうでなければ眠ることさえできない。

どこに還るべきところがあったか。祖国をもつなどということがどういうことか。問いよりも浅い答しか返ってこない問は、何度でもくり返し問わなければなりません。（中略）――琉球共和国、わたしたちのどこにその根拠があるか、足場があるか、それを問いつめてみない限り、あの巨大な日本国家と対峙することなど到底できることではありません。

沖縄独立あるいは琉球共和国、それは主体的条件においても不可能です。自分の足で立つことができない者に歩くことができるか。

友利の痛切な叫びは、「復帰」十年目を迎えて現状変革の気運は衰退、新しい運動も思想も生まれない現状に苛立ち、変革への決起を促し、挑発する逆説的表現とみることができる。友利はこの一文をつぎの言葉で結んでいるのである。

琉球共和国への夢、その可能性を語るつもりが、不可能性だけを並べる結果になったようです。夢をみるどころではない沖縄の現実の反映でしょうか。ただ、新しい何かが生まれるためには、古い何かが死ななければならないという単純な事実だけはどこかではっきりさせておきたかったのです。

「幻の共和国」を思い描くだけの時でも天皇（制）を無化する思念を脳裏に装塡すべき、と訴える中里の思想と、「共和国」構想の不可能性のみを力説した友利の真意がここに交叉、交響して読む者に迫る。

「共和国」特集への応答第二の波は、特集号発行の直後、雑誌そのものの発行元である沖縄タイムス本紙に「書評」の形であらわれた。（一九八一年七月四日「文化面」）

――〝琉球共和国〟――正直、一人前の大人がおかしくってそんな世迷い言を聞いていられるか、というのが、ことばとして耳にした時のこの夢に満ちた〝構想〟に対する常識的な反応であろう。

――資源なく、技術水準低く、組織能力にやや欠け、公共投資や補助金や巨大資本への系列化に頼らなくては、要するに日本国家のカサの下でなくては食っていけないこの沖縄の現実、共和国になれるものなら日本復帰など望みはしなかったろうよ……。

それではそうと割り切って、悠々日本の一地域の民として安心立命できるかというと、ヤマトゥンチュがどうの、被差別の歴史にかんがみ……というようなことが噴き出てくるのが沖縄。そんなゆらゆらゆらぐ地点で思考停止して権利主張をするうちに首まで高率補助金経済につかり、精神的にも荒廃していないか——特集はそんな問題提起をしている。

評の矛先は、「共和国」構想そのものではなく、狂熱の〝祖国復帰〟運動のすえに与えられた「復帰＝再併合」から十年、国の高率補助等の振興策のもと思考停止する沖縄人社会の精神の退廃に向けられたものであることが感じ取れる。しかもその論旨は、先述した友利雅人の「見果てぬ夢」に通底する。

書評子は匿名である。執筆者が社内記者であることを示しており、その記者が友利雅人であることは特定できた。『新沖縄文学』第47号（八一年三月）限りで文化事業局から編集局へ転出（先述）した友利は、学芸部に配属されていることを、当時の「社員名簿」であらためて確認できたからである。

そして応答第三の波は、「共和国」特集号発行から三十三年を経て刊行された、すでに周知の『潜勢力』の大きな波である。

同書は「川満私案」をテーマに、著名な研究者を中心に寄せられた論稿を集成した好論集で、「川満私案」の高い評価は同書によって確定したと言える。

たとえば孫歌（中国社会科学院文学研究所教授）は、自らの論稿の「序言」でつぎのように最大級の賛辞を贈る。

この作品の誕生は東アジア思想史上における一つの事件であった。それはつまり、川満「憲法」の意義がテキストそのものに留まらず、同時代におけるいくつかの重要な構造的特徴を凝縮し、私たちが東アジア現代史に足を踏み入れるさいのよき案内役となるということである。

右の「序言」を踏まえて展開される孫歌の論稿を私は、今日の中華人民共和国の現実を反映、その桎梏を超える〝夢〟に仮託して述べた言説として読むしかなかった。詳細を述べる紙幅はないが、いずれかの機会に再考したい題材である。

五、私的総括

1 ルール違反

『新沖縄文学』第48号の「共和国」特集は、遠い未来の〝夢〟としての「琉球共和国」を想定して〝自主憲法〟を起草し、さらにその「共和国」へ〝夢のかけ橋〟を架ける〝思い〟を日本、琉球双方の識者から寄稿してもらう、という趣旨で企画されたものである。

「仲宗根案」(「琉球共和国憲法F私(試)案」)は、その主旨に添い、同誌編集委員会の委嘱を受けて起草された。
しかし、この草案は憲法制定権力を「共和国」と措定するため、「国家」否認を持論とする川満信一の異見によって保留、「川満案」の提出を求めて「琉球共和社会憲法C私（試）案」との両案併載になった。
ここに至る経過について川満信一は「一九八一年に『新沖縄文学』の編集責任に回ったとき、同誌の編集委員たちは『琉球共和国』へのかけ橋』という四八号の特集を決めていた」云々と他人事のように記している。（先述）
これでは、すでに鬼籍に入った牧港篤三、岡本恵徳、新崎盛暉を含む当時の編集委員会委員の面目にかかわることで黙視できない。同委員会には、社内委員として牧港篤三と共に川満自身も加わってもらっていたからである。（★2参照）
その委員会で、上間常道の提言を受け、〝自主憲法〟の制定を柱とする「共和国」特集を決め、前号（第47号）で「次号予告」を掲示したことはすでに記した。つまり、既定のテーマ設定に添って仲宗根勇に「草案」起草を委嘱し、日琉双方の識者への執筆依頼もして、「仲宗根私案」が出来、委員会に届けられて会議のテーブルに載った時、川満信一委員の異見を入れて再審議になった。
異論があれば「共和国」特集を決める段階で提起して、企画テーマの変更を求めるべきであるにも拘らずそれをせず、既定の編集作業が終盤にさしかかった段階で「編集責任を任された」立場で異見を申し立てるのは〝ルール違反〟といえた。
ところが委員会の、融通無碍ともいうべき対応によって、川満独自案提出を求め、両案併載となったのは〝結果オーライ〟の結末であった。

しかもここに提示された「川満私案」が、一定の批判を受けながらも世の注目を集めて称賛を浴びたことは、〝ルール違反〟が生んだ〝怪我の功名〟ともいうべき慶事になった。

2 「川満私案」考

幾つかある「川満私案」に対する批判のなかで、最も私の関心を引き、かつ共鳴を覚えたのは西川長夫「マルチニックから沖縄へ――独立の新しい意味をめぐって――」のなかのつぎの一節である。（西成彦／原毅彦編『複数の沖縄　ディアスポラから希望へ』二〇〇三年三月、人文書院）。

「私はこの『私（試）案』のすべてに賛成というわけではない」と前置き、「（この憲法を）最初に読んだときの驚きと感動を忘れることができない。暗い空の一角に急に明かるい青空が開けた感じであった」と称賛する言葉に挟まれた西川の疑問はつぎの通り。

琉球共和社会の象徴旗を「白一色に白ゆり一輪のデザインとする」ことには、「白ゆり」の象徴が日本近代社会で果してきた抑圧的な役割を考えて反対である。くりかえされる「慈悲」の言葉に心を引かれはするが違和感をぬぐうことができない。また多くの条文が「……ならない」という禁止や命令の形で終っていることも気にかかる。

もともと国家廃棄の宣言を、国家の基本法である憲法の形をかりて表明することは根本的な矛盾であろう。

西川の右の言葉の全てに私の心は共感する。「川満私案」の象徴旗の「白ゆり」反対の理由を西川は詳細に説明していない。「白ゆり」を「純潔、処女性」の象徴としてきた近代日本の社会通念が、ジェンダー・フリーの理念やフェミニズムの思想に抵触すること、すなわち女性差別の抑圧装置として働いてきたことを西川は指摘している、と私はその言葉を理解し、納得している。

さらに、川満は「白ゆり」を採用した理由を、「愚かしい戦争の犠牲となった『ひめゆり学徒』の歴史に学び」と規定している。つまり、「皇民化教育」窮極の戦争被害の典型を「ひめゆり学徒隊」に求める、という安直な発想を私は支持できない。「ひめゆり学徒」の生と死の問題は、さらに考究すべき余地がある、と考えるからである。「憲法」の理念を可視化する「象徴旗」のデザインには細心の考慮を求めたいのである。

「慈悲」については、『潜勢力』における上村忠男の問いに、川満は真摯に答えているので今は措く。(仲宗根勇・仲里効編『沖縄思想のラディックス』未来社、二〇一七年)。

西川の指摘のなかで、特に注目され、私の問題意識を刺戟するのは、多くの条文が「……ならない」という禁止や命令の形で終っていることに懸念を示した部分である。

「川満私案」の総体は、ほとんどこの禁止形と命令形に終始する。つまり、そこにイメージされるのは〝上から目線〟で規制されるタテ型の社会組織で、掲げている「共和社会」と程遠い専制国家の印象を拭えない。

結局、「国家」廃絶を掲げながら「国家」の基本法である「憲法」の形をもって社会体制を表現することの「根本的矛盾」（西川の指摘）を、「川満私案」は抱え込んだままである、ということ。

その意味で同案は、思想家にして詩人である川満信一の「壮大なる抒情詩」と言うべき文学作品である、というのが私の感想で、「憲法」の分野ではなく、文学、あるいは少し裾野を拡げて社会学を含む分野に属するテキストである、と考えたい。

3 「仲宗根私案」考

前述の議論から導き出されるのは、〝夢〟の〝自主憲法〟制定を目指す以上、どのような形であれ一定の「国家」を前提としない限り「憲法」構想は成立しない、ということである。

そこで「琉球共和国」を想定して起草された「仲宗根私案」の正当性は確保される。

「琉球共和国」という「幻の国家」が、「共和国」を表明する「国家」である以上、これを否認する硬直した思考を私は理解できない。

地球上に「共和国」を名乗る「国家」は多い。そのなかには、「民主主義」と「共和主義」を併せ持ち「……民主主義人民共和国」という素晴らしい国名の専制・独裁国家もあるように、「共和国」の名称だけでその国の実体を見分けることはできない。

実体を分別《ふんべつ》することなく排除する思考方法は、「共和国」特集本来の企図にも反する独善的な行為と考える。

「仲宗根私案」の「共和国」は、あくまで人類の普遍的な〝夢〟としての「世界連合政府」樹立までの過渡的な政体であって、その建国を目的とするものでないことを明記する。〝夢〟に到達するには辿るべ階梯があり、これを経ることなく一挙に〝夢〟の境域を語る物語は、モアの『ユートピア』以来の文学作品のジャンルに属し、「憲法」論の埒《らち》の外にある。

紙幅もないので「仲宗根私案」に対する不満を一つだけ上げる。

仲宗根「共和国」の理念を示す「国旗」は、「黒=赤=白である」とだけ表示され、その意味するところを「黒は〝無政〟の理想、赤は革命の血、白は琉球弧の兄弟たちのおおらかさ」と注釈されている。一見してドイツ連邦共和国の「三色旗」(黒=赤=黄)に類似する。

「琉球共和国旗」がその筆頭に「黒は無政の理想」を掲げているところは、これまで世界に類を見ない表象で、「川満私案」に通底する境域への到達を理想とする理念が表明されている。つまり「仲宗根私案」は、究極の境域へ至る道程の、過渡的政体であることを可視化し明示する〝象徴旗〟として明快である。

私の不満は、この「黒=無政の理想」を基調にした秀れた理念を可視化する「旗」のデザインについてである。諸々の類似する他国の「国旗」と峻別できる独創的なデザインの創出を期待したいのである。

かつて「琉球独立」を掲げ、戦後初の「琉球政府主席」選挙に立候補して惨敗、世人に「ふりむん」(狂人)呼ばわりされた野底土南《ぬかどなん》★10は、独立を訴える〝象徴旗〟として「三星天洋」旗を案出した。「上に空の青、下に海の紺で上下を分かつ中央に白縁どりの赤い星(独立)、右に白い星(道理)、左に黄色い星(平和)」を配し、野底の意思を的確に表現して余りがなかった。

未来への〝かけ橋〟を語る時、理念を象徴する「旗」一枚のデザインにも細心の、そして想像力豊かな対応が欲しいのである。

××

ともあれ沖縄は、去る大戦末期、〝皇国日本〟防禦のための〝捨て石〟にされて「この世の地獄」と形容される「沖縄戦」の惨禍に見舞われた。同様の受難が再び眼前に迫ったことを現下の琉球・沖縄の情況は示している。

米日両国共同の、琉球弧全域に亘る軍事要塞化のほかに敵地攻撃拠点を分散配置、先制攻撃を想定した作戦計画も浮上する。まさに開戦前夜である。

仲宗根勇の「琉球共和国憲法私（試）案」に初めて接した時の色川大吉は、つぎのように評した。

（『民権百年――その思想と運動』NHKブックス、一九八四年）

「琉球共和国憲法私案」のなかには、秩父困民党のコミューン（〝無政の郷〟）の経験を継承した〝困民主義〟を基礎理念にするという前文の宣言があって、まさに秩父蜂起の民衆が果そうとして果しえなかったことが、未来形において生かされているのであります。

前記の情況を前に、「困民主義」による新しいコミューンの創出を目指す「仲宗根私案」の理念をあらためて問い直し、変革への道を求める道標にしたい、と思うのである。

私はかつて、次のように記した（先述『N27』第4号＝二〇一五年一月）。

「無政の郷」と規定される「仲宗根私案」で構想される「共和国」は、無政府主義と共和主義の理念の調和を図りつつ、独自の新しい共同体を志向するもので、「川満私案」のようにいきなり「ユートピア」へ跳躍することなく、過渡的政体を措定するゆえに、自立論や独立論が取り組む必須の関門として存在するのである。

右の文言は、両「憲法私案」に対する私の、いまに変わらない結論である。

★1 『新沖縄文学』――沖縄における文学振興を目的に、沖縄タイムス社が一九六六年四月、「季刊文芸誌」として創刊。第26号（一九七四年十月）より性格を「文化と思想の総合誌」と変えて活動、沖縄における雑誌ジャーナリズムを主導する総合誌として注目されたが第95号（一九九三年五月十日）をもって休刊（実質は廃刊）。

★2 編集委員会――『新沖縄文学』が文芸誌から総合誌に転換する時、編集企画充実のために社外の識者を中心に編成した委員会。社外委員に新崎盛暉、岡本恵徳、我部政男、仲程昌徳、比屋根照夫を委嘱、社内から牧港篤三、川満信一を加えて出版編集部長（新川）が主宰。

★3 川満発言――本文中の「新川明委員」は、原稿で「新川明常務」とあり、会社の上司・新川の専横をイメージさせる記述になっているのを初校で発見。編者・三木健に連絡して訂正させた。新川が「常務」に選任されたのは、その六年後の一九八七年一月十二日で、川満の意図的印象操作を感じさせた。

★4 上間常道――一九四三年大阪市生まれ。東京大学文学部卒業。河出書房に勤めたあと、七三年に父祖の地・沖縄に移住。予備校講師や地元の小出版社を経て七八年十一月、沖縄タイムス入社。文化事業局出版部で『新沖縄文学』『タイムス選書』などの編集を担当する。八三年五月刊行の『沖縄大百科事典』の成功は彼の力によるものであった。定年退職後、出版舎Ｍｕｇｅｎを設立、多くの良書を世に送ったが二〇一八年八月一日死去。享年七五歳。

★5 憲法起草委員会――「憲法」草案は起草者の名は伏せて公表の予定だったため前記の編集委員会がそのまま「起草委員会」の名で起草、公表の責任を負うことにした。従って委員の構成は、同一である。

★6 友利雅人――本名・池間正次、一九四七年宮古島生まれ。早稲田大学中退、帰沖して沖縄タイムス中途入社。文化事業局出版部、編集局学芸部、八重山支局長を経て退社。ユニークな評論活動で注目されたが一九九九年一一月三日、自殺。享年五二歳。

★7 第48号の「企画（案）」――「執筆要項」等の関係文書一式は、編集委員・新崎盛暉保管の『新沖縄文学』企画資料」として沖縄大学図書館「新崎盛暉文庫」に収蔵されている。所定の手続きを経てコピー入手。

★8 「沖縄自治憲章」――一九八五年「地域主義」研究で知られる玉野井芳郎・沖縄国際大学教授（当時）の主導で策定された。「自治権」や「抵抗権」など18条からなる「憲章」は、「生存と平和を根幹」とし、「自治・自立の理想」を掲げていたため、「平和をつくる沖縄百人委員会」の有力委員から権力の介入を不安視する拒否反応があり陽の目をみなかった。

★9 国政参加拒否闘争――一九七二年の「復帰」（施政権返還）に先立ち、六九年十一月、佐藤・ニクソン会談で沖縄から日本国会への参加が発表されて七〇年十一月十五日選挙実施が決まった。直ちに保革を問わず選挙運動に狂奔。これに異議を唱え、民意に反する「返還協定粉砕」を掲げて市民、学生を中心に決起、大衆集会を開いて広くアピールするなどの活動をした。

★10 野底土南――一九二八年八重山与那国町生まれ。本名・野底武彦。「土南」は方音で「与那国」を「ドゥナン」と呼称することに因《ちな》んでつけた筆名。幼少より秀才の誉れ高く、台湾に疎開、基隆中学で学び、敗戦後上京して苦学して法政大学経済学部へ進学、その在学中に難関の公認会計士試験に合格する俊才。帰郷後、公認会計士事務所を開設、手広く事業を展開した。一九六八年実施された初の琉球政府主席選挙に「琉球独立」を掲げ、無所属で立候補したが、自民党と革新共闘対決の大きな流れに埋没、惨敗する。以後、孤塁を守ったが、「独立党」は消滅、いつしか世間から忘れられている。（比嘉康文著『「沖縄独立」の系譜』参照。）

発見された“constitution”——可視と不可視の〈あいだ〉の共和国

仲里 効

無窮動という言葉がある。もともとは音楽の形式で、旋律の「動き」を止めることなく始めから終わりまで速い動きの同一音型が休みなく続く楽曲のことだという。反復するたびに加速していくことから常動曲ともいわれているようだが、転じてきわまりがないこと、永久に止まらない動きという意味で使われるとされる。

このあまり聞きなれない〈無窮動〉を、沖縄の政治思想に導入し、抗いの終わりのなさを説明するのに使用してみせたのが仲宗根勇だった。おそらくその言葉は、留学した東京での六〇年安保闘争の渦中で体験した動転せんばかりの驚きと、沖縄の戦後世代の精神をも拘束し踏みしだいた同化主義との内的格闘を遠い原点にもっているように思われる。六〇年安保闘争の渦中で受けた衝撃とは、仲宗根の政治思想の原風景を語るうえでたびたび参照にされ、引用の手垢にまみれている感は否めないにしてもやはり見過ごすわけにはいかない、安保改定を阻止する国民運動の革新的指導者の口から発せられた「我々は勝利（引用内の強調点は原文、以下同）しました。卑怯なアイゼンハウアーは沖縄に逃げ去りました！」という勝利宣言のうちにあるドメスティックな本土中心主義であり、内的格闘の対象となったのは、アメリカ占領下からの脱出を日本国家と国民に帰一していくことに求めた復帰運動に内面化された自己植民地主義である。

この日本と沖縄の、排除と幻想の対関係は、サンフランシスコ講和条約第三条を延命装置にもった日本の戦後国体に起因していたことは多言を弄するまでもないだろう。ようするに、日本の戦後体制は、アメリカが沖縄を排他的に統治することに同意することによって成立した共犯の制度空間だといえる。このことは「平和」と「民主主義」を一国主義的に自閉させた国民意識をも規定し、沖縄の日本復帰運動はその共犯の制度空間とシンメトリックな関係を築いた、ということになる。シンメトリーは主従関係である限り、容易に単一のメトリーに回収される。

仲宗根はこの一方の〝メトリー〟を形作った「三条の里子」という自己意識に「沖縄的状況告発の運動に呪縛の構造として癒着し運動を毒したものはない」として、その甘ったれた国家幻想に「冗談じゃない」と手厳しい目を向けていた。そして、生き残るためには里子に出し必要なら絞殺することだってあり得る「巨大なリヴァイアサンとしての『国家』の冷徹な本質」だと記していた（「この甘ったれの国家幻想」、『沖縄タイムス』一九六九年一一月二四日）。[☆1] サンフランシスコ講和条約を出自にした戦後日本は、「天皇制」と「民主」と「平和」が共存する奇妙な貌をしたキメラ国家＝リヴァイアサンにほかならなかった。沖縄を食べ、「三条の里子」の依存心理はリヴァイアサンの領土的野心を太らせただけにすぎない、ということである。

〈無窮動〉にはそうしたリヴァイアサンの冷徹な本質が見据えられていた。仲宗根が二〇代後半から三〇代後半にかけて「沖縄と沖縄の日本復帰問題というテーマ」をめぐって論及した文を集めた『沖縄少数派――その思想的遺言』(三一書房、一九八一年)のなかには次のような言葉が撒かれていた。「『国家』の冷徹な悪魔的論理との無窮動の思想的対決と、運動論としての国家論の双方を欠落させてきた沖縄の主流的な復帰運動」(「沖縄戦後政治の構図」『中央公論』一九七二年六月特大号)とか「反軍＝自治権闘争ということからの沖縄のたたかいは、国家との無窮動の対峙が、否応なく要請されるだろう」(「『日本国民』になるとき」『沖縄タイムス』一九七二年五月三一日～六月二日)。これらは、「第三の琉球処分」といわれたその日、つまり一九七二年五月一五日を跨いでいることから「日本復帰」の内実が裸出しているのを進行形で目撃しながら書かれている。一読してわかるように〈無窮動〉とは避けられず国家と向き合うことの非妥協性と持続性がいわれている。〈無窮動〉はまた「悠久の沖縄民衆史」や「悠久の自立」など、仲宗根が好んで使う〈悠久〉とも通じるものがあった。

仲宗根勇が沖縄戦後政治の構図を読み解くために選び取ったキーとなる概念には、したがって二重の意味が込められている。ひとつは、国家への視座を欠き想像の共同体へ自発的に隷従することによってナショナルな主語を得ようとする転倒した心的機制との妥協なき対峙であり、いまひとつは、沖縄がそうした自縛を解き、他なる場へ抜け出ていくための自立への回路を発見することである。そうした要請はむろん、あの時代に限定されるわけではない。〈無窮動〉には「終わりのなさ」と、そのゆえにつねに「はじまり」への志向が胚胎させられている、といえよう。

集権化していくトートロジーの政治を割り、いくつもの閾に分節化させていくこと、差異を食べるリヴァイアサンと対峙していくこと、「日本復帰」を日米共同の管理体制へとシフトさせ、沖縄の戦後史の決定的転換点となった一九六九年一一月の日米共同声明が発表された直後、仲宗根勇が憤怒の矢を放った「この甘ったれの国家幻想」が時を越えていまに語りかけてくるのは、異化を力にして沖縄にとって国家とは何かを遠くまで問い続ける、そんな自己革命への促しであった。琉球共和国憲法案とはパーマネントな革命の謂いということでもある。

理念なき闘争から理念の闘争へ

「復帰」一〇年を一年前にした一九八一年の『新沖縄文学』第四八号の特集「琉球共和国へのかけ橋」のかなめともいえる二つの憲法のうち川満信一によって起草された「琉球共和社会憲法私（試）案」については、沖縄内外の複数の書き手による論集『琉球共和社会憲法の潜勢力』（未來社、二〇一四年）に発表した「ノモスの消失点、到来する共同体――『死者的視線』から『異場の思想』まで」[☆2]で、憲法が創案される復帰後一〇年の時代的背景やその思想的核心について私なりに論じたつもりであるが、もうひとつの仲宗根勇による「琉球共和国憲法私（試）案」（以下は「琉球共和国憲法案」もしくは「仲宗根憲法案」と略記する場合もある）に対する論及が同時になされなければ点晴を欠くという思いを打ち消すことができなかった。なぜなら、この二つの憲法私（試）案は、沖縄の戦後思想がのぼり詰めた二つの峰だからである。〈社会〉と〈国家〉を基体にしたことで、鋭い対抗をみせながらも絡まり合い双曲線を描いて二つの極を創る、そんな結実であるがゆえに後続する思考を試し続けてきた。
そうであるならば、まず前提的に、リヴァイアサンと対峙するパーマネントな自己刷新が〈反復帰論〉を介在させ、どのような構成的力能として転成していくかの筋道があきらかにされなければならない。そのために、たとえばハンナ・アーレントが『革命について』（ちくま学芸文庫、一九九五年）のなかで「創設」について論じるときに着目していた「“constitution”」のもつ多義性を等閑に付すわけにはいかないだろう。アーレントはいっていた。「“constitution”という言葉は、明らかに多義的で、構成する行為を意味すると同時に、（中略）『構成された』政府の法律と規則を意味している」（「創設（1）——自由の構成」）と。ここでの「多義的」とは、構成する行為と構成された政治体との重層的決定ともいえる関係だとしても、その関係が悪循環に陥らないためには、牽引し反発する二つの力をつねに緊張状態に置き、いかに開かれているかどうかにかかっているということだろう。

この“constitution”こそ、復帰運動への苛烈な批判を通して発見された力の思想であり、その内発的な力線の矢印は憲法へと向かっていく。仲宗根の言説史を辿ってみれば、構成する行為／構成された政治体は来たるべきものとして予告されていたことに気づかされる。少し長くなるがその〈構成—政治体〉の予告された原景に立ち止まってみよう。

コンミューンとしての沖縄と沖縄人が、自己の力を信じ、みずからの土地と人間を組織してみずからの新しき社会創出を志向し、分離と自立への道をラディカルに模索する悠久の歴史的行為を自律的に選びとらず、常に、自己の運命を外部の力（中国→日本→アメリカ→日本）にゆだね、それに求心的に自己寄託するという、沖縄の歴史的病理の投げかける不変の問題性は、広く深く、多様な形で探らなければならない。沖縄的悲惨の根幹にあるこの病患を複眼的に解剖する作業は、どのような時代にあっても、沖縄の知性にとっての宿命的な課題として、残らざるを得ないだろう。それは、国家が死滅し、あるいは自由連合的なインターナショナリズムが、正当に沖縄の地位と機構を保証する時まで続くであろう。

「琉球共和国憲法私（試）案」が発表される六年前の一九七五年に、『新沖縄文学』二七号に仲宗根勇が寄せた「理念なき闘い」のなかの一文である。すでにしてそこには創設行為と来たるべき憲法の原案が書き込まれているのに驚かされる。「コンミューンとしての沖縄」「新しき社会の創出」「自立と分離への道」、それを阻害する外部の力への依存とそれを複眼的に解剖する作業を課せられた沖縄の知の課題、そして「国家の死滅」や「自由連合的なインターナショナリズム」はそのまま琉球共和国憲法案の扉を開いていく鍵概念になっていることがわかるだろう。沖縄から世界へつながっていくための複合した理路、そういってもよい。ここには、批判理論としての〈反復帰論〉をくぐることによって理念へと転出していく初発の光景がある。

「コンミューンとしての沖縄」が〈琉球〉と〈共和国〉を懐妊したのは、〈反復帰の思想〉なしにはあり得なかった、ということである。この場所を振り返ってみて、過去と未来の〈あいだ〉といってみるならば、仲宗根が復帰運動に死を宣告し、その遺言を書く過程で残した言葉にはいくつもの〈あいだ〉と〈はじまり〉が挟まれていたことがわかる。任意に拾ってみよう。「アメリカ支配下で、私たちが、外在国家〝日本〟の圏外で擬似的ミニ〝国家〟を経営しえたときに、どうして私（たち）は、明確に〝日本拒絶〟↓〝国家廃絶〟へと一歩でも近づく手だてを講じえなかったのか」とか、あるいは「悠久の沖縄民衆史にとって『国家からの自由』を獲得する千載一遇の好機とも言うべき敗戦から一九七二年五月一四日まで」という憲法に至る〝前‐言語〟もしくは〝原‐言語〟がみられる。いずれも一九七二年の「復帰」の年の五月と一二月に『沖縄タイムス』に寄せた一文ではあるが、「内なるユダ」とか「プソイド」という激烈な言葉で射抜いた復帰運動とその指導的担い手によって潰えた戦後経験に孕まれていた未発の可能性に視線を返していた。

潰え去った経験の欠片は組成し直さなければならない。忘却の闇から救出し、光をあて直さなければならない。なぜなら「復帰」という名の国家併合は、沖縄の不条理を変えたわけではなく、日米共同の統治体制への移行にすぎず、それによって不条理はより巧妙に沖縄社会の内部をゆがめているのだから。では、組成と救出と露光は、何によって、どのようになされなければならないのか？ “constitution”とその多義性を群島‐世界に編み変えることである。琉球共和国憲法案は、私（試）案という形をとっているにしても、沖縄の集合的記憶と経験を発見された力能によって、来たるべき〝無政の郷〟の地図を描こうとする試みであることはいうまでもない。

琉球共和社会憲法案とともに琉球共和国憲法案が起草された当時、この創設行為は「知識人の自慰行為」とか「知的遊戯」といった類の冷笑や揶揄の対象になった。たしかに「百年後の沖縄をイメージしてパロディー的な内容ながら沖縄の意志と力を表現し、同時に復帰一〇年目の現実に対するアンチ・テーゼを含ませる」という要請に応えて考案されたということからして、「パロディー」の風に吹かれた斜度は「知的遊戯」であることを打ち消すことができないところがある。だが、「沖縄の意志と力」と「アンチ・テーゼ」を装塡された二つの憲法構想は、そうした冷笑や揶揄をはるかに越える遠心力と求心力をもっていたし、「あるハンブラー（半狂人）の思い出」として笑い返す懐もあった。下部構造と上部構造の従属関係の教条を転倒させ、まずイメージから先に変われというメッセージを思い起こすまでもなく、創設行為とは無窮動なドグマ革命でもあることを忘れないでおこう。

そのことを視野に入れるならば〝パロディー〟という斜度もまた独自な光源となるというものだろう。〝パロディー〟とは、ここでは沖縄の被虐の記憶から吹き返してくるまなざしといってもよい。風刺の目が通ることによって創設行為は独特な屈曲を余儀なくされるにしても、その屈曲によってかえって自由度と拡張性が与えられ、しかも独自な遠近法が獲得されていく。理念なき闘いを理念の闘いに変える、それこそ「パロディー」と「意志の力」と「アンチ・テーゼ」の合力というものだろう。その合力はまた仲宗根の憲法構想に独特な陰翳を帯びさせてもいる。

〝無政の郷〟というフォーミラー

理念なき闘いから理念の闘いへ、この転回を画するものこそ琉球共和国憲法案だった。このことについて、私は「未来」連載中の「残余の夢、夢の回流」の七回目で『遺書』と『困民』とマンガタミー（仲宗根勇論）」（二〇二一年夏号）としてささやかな探訪を試みたことがある。そのなかで仲宗根憲法案の際立った特徴をなすと思った法案から四点挙げておいた。すなわち、第一に憲法の条文を運ぶ主体とその動力となっている「困民」と「困民主義」に注目したこと、第二に過渡期国家であることを明確に措定したこと、第三に〈可視的領土〉と〈精神的領土〉をもってより過渡性をイメージ化したこと、第四に法とことば、ことばと国家の関係に着目し、はじめて言語を憲法空間に位置づけ、明文化したことなどである。そして「〈反復帰論〉を構成的力能に結像させた稀有な達成」だという認識を示しておいた。

こうした試論的に触れた法案の特異点について、ここでは主に「困民－困民主義」と「言語問題」をより踏み込んで探索していくが、そのつど第二と第三の〈過渡期〉にかかわることや仲宗根憲法案の喚起する力が誘い出す接触領域についても目を向けていくことになるだろう。

その前にまず、琉球共和国憲法案の〈構成〉について考えてみたい。この憲法は、「(部分)」となっていることからもわかるように、「前文」と九条の「基本原理」、そして「注　釈《コンメンタール》」から成る。なぜ「部分」にしたのかを、仲宗根は編集部の要求を満たすには関係文献の渉猟などの予備的な作業が必要だったこと、そのための時間的な制約があったことを理由に挙げていた。たしかに琉球共和社会憲法に比べると、その感は否めない。しかしそのことがこの憲法の欠点になっているのかといえば必ずしもそうとはいえず、かえって沖縄という地政から世界を獲得していくための想像力を凝縮してみせているように思える。むしろ「(部分)」にこそ核心は宿るという強い印象を抱かせもする。そして、なんといっても心騒がせる、過去と未来を行き来し、自在に想像力の地図を編纂していく「コンメンタール」の妙味であろう。

この「注釈」は、仲宗根が意識したかどうかはわからないが、私には北一輝が中国の革命運動にかかわり、上海に滞在中に書き上げた『日本改造法案大綱』[☆3]の「註」を想起させるものがある。八巻から成る大綱に対する「註」は、国家改造を促す異様な力を帯びている。いうまでもなく「琉球共和国憲法私（試）案」と『日本改造法案大綱』は内容や分量において隔たりがあり、飛躍の誹りを免れないことを承知であえていえば、国家に求心力を与え、改造せよと命じる北の「註」と、風刺を混入しつつ国家の死の果てまで行こうとする仲宗根の「注釈」の違いはあるにしても、国の形を改造する文体の強度において交差するところがある。

なぜ「困民」であり「困民主義」でなければならなかったのだろうか。前文の冒頭で「われら琉球共和国の人民は、今回困民主義革命の世界的発展の中に、ついに多年の願望たる独立と自由を獲得する道についた」と謳っていたが、「困民主義」とは「注釈」によれば「今回の琉球共和国成立の動因となった革命の指導的思想」となっている。それゆえに「前文」や「基本理念」の条文を網状に縫って基調を織り上げている。この「困民－困民主義」にはかつて世界を分けたイデオロギーの無残な結果が意識され、その裂け目で未完に終わった、たとえばアナルコ＝サンディカリズムや社会主義国家連合によって圧殺されたポーランドの自主管理運動に注目していた。それらの「歴史的痛憤を背負って、人民の参加と自主管理によって、〝無政の郷《コンミューン》〟を樹立しようとする歴史哲学」が抽出されていく。この「〝無政の郷〟を樹立しようとする歴史哲学」こそ、沖縄改造法案としての琉球共和国憲法案のフォーミラーだといえるだろう。

「困民‐困民主義」とは「自由主義革命」や「共産主義革命」など、世界史を分割してきたヘゲモニーの決壊と改造を行為遂行する主体とその思想であることがわかる。〝その後〟、つまりアフターリベラリズム、アフターコミュニズムの薄闇のなかから新たな政治体を創設していく歴史哲学とその運動原理ということになるはずである。〈困民〉とは明治の自由民権運動の草の根を形成しながらも潰え去った、秩父困民党や武相困民党などを連想させることを避けられないにしても、そこに一元的に還元されるわけではなく、〝無政の郷〟の歴史哲学によって異風が注入されている。いわば、〈困民〉には〝かつて〟と〝いまだ〟が合わせもたされているだろう。

〈困民〉の近傍には、たとえば「『復帰』によって、『国民』のなかに囲い込まれた無念さ」（「復帰十年に思う——不可視の〈国境〉のなかから」『沖縄差別と闘う』所収、『琉球新報』一九八二年五月一三日〔上〕、一四日〔下〕）という声が木霊していたはずである。「復帰」とはまつろわぬ群島のまつろわぬ民を領土化し国民化する国家併合であった。そのことの無念さはいかなる意味での「国民主義」とそのヴァリアントによっても解消することはできない、〝まつろわぬ〟を孕んだ別の新しいエージェントでなければならなかった。いわば〈困民〉とは「国民」には還元不可能なサバルタンであり、〈困民主義〉は〝未だ、なお〟に開かれた動詞的主体である、と言い直してもよい。だからこそ琉球共和国成立の動力となった。

　だが、ここである難題に直面させられる。それというのは、「琉球共和国」という「国」であるならば、その領域的主体は「国民」として自動記述されなければならないはずである。〈困民〉とはそのコードを逸脱させ、ねじれさせる。その逸脱とねじれは沖縄の近現代の精神史の自縛を解くこととかかわっていた。「国家＝国民」となる等式を組み替えていく変革主体もまた刷新されなければならなかった。この難問に接近していくためには困民主義／革命と不可分に結びついている方法的視座に中継されなければならないだろう。あの〈過渡期〉という自己措定に、である。

〈過渡〉であること、〈あいだ〉を生きること

琉球共和国憲法案においては〈過渡期（性）〉は自己完結や集権化のドグマ化を抑止する装置になっている。考えてみれば、創設行為によって生まれた国家に死を宣告することは一見矛盾するように思える。死ななきゃならないとすることは、「国」という制度空間が疎外と物神化、全体主義と官僚主義へ傾いていくことから逃れられないという認識があるはずだ。国家の物神化を越えるためには別の次元が獲得されなければならない。仲宗根が描いたのは〈過渡期〉とその階梯を踏んだ「地球連合政府」である。この言葉の響きにはどこか風刺の毒が盛られ、夢の張力を限界ぎりぎりまで膨らませた観念の気球といった感じを抱かせるもするが。

「前文」⑤には「この憲法は、地球連合政府が樹立され、わが琉球共和国がその連合体に参加する日の前日において自動的に失効する」となっている。諸国家を「ひとつの人類政府に形成するブンド組織」としての「地球連合政府」のためには琉球共和国はあくまでも暫定的なものであり、また

共和国人民となることと離脱すること、インプットとアウトプットの自由を謳った「基本原理」第九条とそのコンメンタールでは「開かれた国家」であることの理路をより鮮明にし、「文字とおりのインターナショナリズムを旗印とする〝世界国家〟へ向かう過渡期国家である」ことを前提にしていた。

〈過渡期〉を生きることは自己完結を拒み、他なる岬を意識したアリーナでもあるといえよう。そのことのイメージを鮮やかに露光したのは「自己権力を無限に下降させ、それをミクロ化していくことによって、それぞれの多数の〝無政の郷〟を創出してゆけば、〝世界国家〟(前文でいう地球連合政府)それ自体も、過渡性をもつ国家にほかならなくなり、結局、それは廃絶の運命をたどる」としたところにある。これを「二段階無政論」としていた。この〝世界国家〟＝地球連合政府に乾いた風刺と逆説の韻律を嗅ぎ取ったとしても、その構成力を貶めたことにはけっしてならないだろう。

〈過渡期(性)〉とは〈あいだ〉の思想である。〈あいだ〉を無限に繋げていくこと、ここでもまたあの〈無窮動〉が方法化されているのが看て取れる。この〈あいだ〉の思想は、「無政論」でもあり、それはまた“constitution”が要注意の目を向けた悪循環を断つための装置にもなっているということである。そのために採られたのが連邦制であった。連邦制は〈あいだ〉の思想が創設した自由の空間である。そのことをよく視るために、もう一度ハンナ・アーレントの「創設」のなかの「連邦制度は、国民国家の原則に代わる唯一の選択であったばかりではない。それは、憲法制定権力と憲法によって制定された権力の悪循環に落ちこまないための唯一の方法でもあった」とした、その〈方法〉にまなざしを返しておくべきである。まぎれもない、それは仲宗根憲法案の「二段階無政論」と通底するものがあるはずだ。「前文」②には「われら琉球共和国の人民は、完全な連邦を形成」が、「基本原理」第七条には「連邦国旗」の条文がみられる。〈過渡〉であること、〈あいだ〉の思想であることとは、創設行為のなかに国家の廃絶を折り込んでいることを意味する。琉球共和国憲法案の〝無政の郷〟は、琉球弧の歴史と体験を地熱にして編み出された歴史哲学であり、国家を、法を、措定し維持する暴力を内在させる過渡期世界としての自己の墓標たらんとすることである。だから全体主義や官僚制国家に対する〈暴力批判論〉にもなっているだろう。

〈過渡期〉を冠した世界論や国家論を掲げ、既成の枠組みを越えていこうとして登場した前衛が、しかし、その自賛した新しさのなかにあった古さを内破できず、挫折していった政治の季節を仲宗根勇は知りぬいていた。仲宗根の政治思想の原点となった六〇年安保闘争の渦中で聴いた「勝利宣言」のなかにある自閉と排外、七〇年ヴェトナム反戦、沖縄・安保闘争のただなかで、国際主義を標榜したニューレフトにも根強く残っていた、アジアに対する植民地支配と民族差別を明るみに出した一九七〇年七月七日の華青闘（華僑青年闘争委員会）による告発・糾弾もまた時代の声として仲宗根の耳に届いていただろう。そして何よりも「わが沖縄」の甘ったれの「三条の里子」という自己慰藉に支えられた復帰運動の擬態が、サンフランシスコ講和条約を淵源にした戦後国家との共犯の当事者であったことの責任に、時効はないことを忘却するわけにはいかない。

仲宗根勇がしたためた「思想的遺言」はこうした共犯の構造への死の宣告でもあるが、琉球共和国憲法案の〈過渡期〉もまたそれそのものの内に死を抱懐している。沖縄への遺言と国家の死、そしてそこには「沖縄の遺書」の最後に置いた「そのとき、それぞれの死骸からぷんぷん立ちこめる悪臭に気おちせず、私たちは、彼らの最後の悶絶を見届けなければならない。私たちの出立は、それからでも遅くはない」という声は一回きりの歴史への決断であったが、死を見届けることからの出立、そして「遅くはない」という最後の言葉は、時制を攪拌しいつだって〈はじまり〉に立ち返らせる。

憲法と言語をめぐる文化と政治

憲法とは、酒井直樹もいうように「国民国家への自己完結を防止する装置のもっとも重要なもの」であり、「一見、実現不可能な理念を掲げることで人びとの間に議論を引き起こ」し、そして憲法の役割のひとつが「社会紛争の効率的な解決というよりも、社会問題の創出にある」（「国際社会のなかの日本国憲法」『死産される日本語・日本人』所収、講談社学術文庫、二〇一五年、一二〇～一二一ページ）にあるならば、琉球共和国憲法案もまた例外ではない。この「社会問題の創出」ということでいえば、その言にもっとも相応しいと思われるところは「基本原理」第六条の言語条項であろう。

第六条はこうなっている。すなわち「伝統的琉球語、その他共和国内で通用している言語の使用は任意である。官憲の行為及び裁判事務についてのみ、法律を以って、公用語を定めることができる。琉球語と日本語を公用語とする」。この条文へのコンメンタールは他のそれに比べてももっとも長い言葉が費やされている。琉球処分ののちの沖縄統治政策で日本政府がいち早くターゲットにしたのは言語であった。沖縄の言語を禁じ国語・日本語を強制していく言語植民地主義は、沖縄からはじまり台湾や朝鮮半島へと延伸していく帝国のヘゲモニーと一体をなしていた。

韓国併合後、比嘉春潮が「日韓併合、万感交々至り筆にするに能わず。知りたきは吾が琉球の真相也。人は曰く、琉球は長男、台湾は次男、朝鮮は三男」と日記に記したことは、よく知られたことではあるが、沖縄にとって近代とは何かを問い、「植民地責任」という視点の欠落の問題へと目を向けさせてくれる。一九一五年に沖縄諸語の撲滅運動を推進していた沖縄県学務部と日本民芸協会との間の、いわゆる「方言論争」で知られるようになったが、けっして目を逸らせてはならないのは、沖縄の言語への侮蔑と自己卑下は戦後になっても終わったわけではなかったことである。いや、むしろ日本復帰を担った運動体によって、標準語励行・国語・国民化が学校と地域をさらいながら推し進められていったことに、この問題の根深さがあった。戦前が戦後に接合される、言い直せば、帝国の言語植民地主義を体現した沖縄県学務部の沖縄諸語撲滅運動が、革新ナショナリズムによって沖縄の戦後に再生されたことは、繰り返し問い直さなければならないだろう。

琉球共和国憲法案第六条は、こうした沖縄の近現代史のアポリアを〈言語問題〉によって浮かび上がらせ、議論を起こそうとした。仲宗根はコンメンタール[☆4]で、沖縄返還協定を批准する一九七一年一〇月一九日の「沖縄国会」の冒頭での沖縄青年同盟の決起と、その後の裁判で沖縄語を使って陳述を試みたこと、それに対して裁判所側が日本国裁判所法第七四条で「裁判所では日本語を用いる」を盾に「日本語」を強要したことを「政治が言語をも支配する確かな歴史的事実」が垣間見えるとし、続けて山之口貘の詩「弾を浴びた島」のなかで沖縄の言葉までも「イクサニ　サッタルバスイ」と嘆いたことを紹介していた。仲宗根が強調したのは、言語は政治と一体であり、琉球語の復権は琉球共和国の政治的復権を意味するものであるということだった。文化的多様性とは異なる政治性、そのことをパラオ非核憲法（草案）第一三条第一項で「伝統的パラオ語を国語とする。パラオ語と英語を公用語とする」としたことやベルギー国憲法第二三条では「ベルギー国で通用している言語の使用は任意である」とした、民族的、地理的多様性との違いを説いてもいた。それに続く「注釈」は、仲宗根憲法案の尋常ならざる性格を示すものであった。

> （パラオ非核憲法やベルギー憲法は）わが琉球共和国におけるがごとく、自分たちの言葉を政治的対抗概念として明確に認識し、位置づけ、これを実定化したわけではなかった。その意味で、第六条は、一見、なんでもない文化的規定のように見えるが、実は、わが共和国〝前史〟において、〝琉球人〟として、日本国内で差別され、蔑視されたわが共和国民の先祖たちの草葉のかげからの、怨念のこもった鬼気せまる政治的規定たることに、その本質的性格があることを忘れてはならぬ。

「政治的対抗概念」が力点を打たれ、言葉の風景を波立たせる。尋常ならざる、といったのは「政治的対抗概念」の背後からうねってくる歴史感情の起伏に感じ取った印象からである。ここでは表に出されてはいないが、法を措定するには規格外な表現の奥に、おそらく仲宗根は、沖縄語を使ったために虐殺された沖縄戦の死者たちの声を聴き取っていたにちがいない。「政治的対抗概念」には沖縄の言語に刻印された受苦の経験からの照り返しを抗いに錬成していこうとする意志があった。

このコンメンタールは、「社会問題の創出」という装置と確実にシンクロしているといえるだろう。ここから目を転じて世界の憲法を駆け足で巡っただけでも、ことばの風景がまるで違って見えてくるのに目を洗われる思いがする。おそらくそれは言語植民地主義との長いたたかいがあり、そのことが言語（権）をめぐる抑圧を許さなかったのだろう。憲法のなかで言語はけっして小さくない位置を与えられている。ちなみに『世界憲法論集』（岩波文庫、旧版は一九六〇年の初版から八三年の四版まで、新版は二〇一二年）から任意に拾ってみただけでも、たとえば、イタリア共和国憲法第六条には「共和国は、特別な規程により、言語少数者を保護する」という一行が秘められた力のように置かれているし、カナダ憲法には「カナダの公用語」として第一六条に「英語、フランス語を公用語」とすることや「少数派民族言語教育権」そして「カナダの少数民族の権利」などが明記されている。スイス連邦憲法第一編総則第四条は「国語」として「国語は、ドイツ語、フランス語、イタリア語及びレト・ロマンス語である」となっていて、第二編「基本権、市民権及び社会目標」第一章第一八条「言語の自由は、保障される」とあり、ロシア連邦憲法第二六条にも「民族的帰属と母語の自由」が目に入る。

『世界憲法論集』で拾われていない国でも、知り得た範囲でさえ、たとえば、フィンランド憲法では、国語はフランス語とスウェーデン語で、法廷や行政などの公的機関では母語を使う権利を定めている。メキシコ憲法は第二条で、先住民コミュニティーの自己決定権を認めていて、そのなかで、自分たちの言語を維持し豊かにすることや、裁判では通訳とその先住民文化と言語の知識をもった弁護人を付ける権利を挙げているのが目を引く。スペインでは、自治州憲章によってカタルーニア語、バスク語、ガルシア語がそれぞれの地方公用語に制定されている。

こうした言語の多様性やマイノリティの言語権を憲法によって保障している例をみると、日本国憲法がいかに天皇制の一系に深く拘束され、そのうえ植民地主義の遺制が単一民族、単一言語主義として残存しているかが逆に証明される。琉球共和国憲法案は一系に閉ざされた言語観に異風を呼び入れ、世界の憲法へと連なっていく窓を開く。

法廷にたった言語と二つの〈在日〉の試み

ここで、この言語条項と関連して、通り過ぎるわけにはいかない二つの事例について立ち止まって考えてみたい。そのひとつは、仲宗根勇がコンメンタールで触れていた、沖縄青年同盟によって沖縄の言語が日本の裁判史上はじめて法廷に立ったこと、そのことによって引き起こされた問題を仲宗根がどのように受け止めたのかにかかわっている。いまひとつは、沖縄の思想にとって言語とは何かを提示した川満信一の「ミクロ言語帯からの発想」とそれがなぜ琉球共和社会憲法案に継承されず、琉球共和国憲法案においてその場所を得ることができたのかである。このことについては後述するとして、沖縄青年同盟の沖縄語裁判闘争の試みから先にみておこう。

仲宗根は沖縄語裁判の直後、当時受け持っていた新聞のコラムで素早い反応をみせていた。「意表突く沖青同」(『沖縄タイムス』一九七二年二月二四日)では、沖青同の試みが「裁判所では日本語を用いる」(裁判所法第七四条)に構造化された排除の論理と真正面から衝突し剔抉してみせたとして「私たちの慣れ切った固定観念の臓腑をえぐる。それは、たたかいの感性を、いま一度ゼロ地点へ引きもどし、一切の『既成』の存在をバラバラに解体してみることの重要性を私たちに教えている」と述べていた。「沖縄青年同盟の視覚」(一九七二年三月九日)でも「日本が沖縄を裁くことはできない」と提起した視覚は、国家幻想に絡めとられた「従来の主流的な沖縄闘争のイメージを覆滅」させ、そのゆえに「私たちの病んでいるかも知れない『慣性』の自覚のためにも」その主張を聴くべきではないか、と問いかけていた。

そうだとしても、しかし、こうした沖縄出身の青年たちの行動を裏づけたのは、なにあろう、仲宗根自身も論陣の主な担い手の一人だった〈反復帰論〉であり、沖青同はそれを〈在日〉において転轍させ、生き直したのである。その意味で、反復帰論が現実を獲得した「唯一の例外は国政参加拒否闘争であった」(「反復帰論から『琉球共和国』論への転轍」『沖縄差別と闘う』所収、未來社、二〇一四年)とみなした、仲宗根自身の言は訂正されなければならないだろう。沖縄から大学進学や集団就職で日本「本土」に渡った一〇代後半から二〇代初めのウチナーニーセーたちの少数派結社が、沖縄が帰ろうとする地で、帰ることの内にある自発的隷従を見抜き、〈在日〉を生きることによって国家幻想の虚妄を衝く、反復帰論的主体たらんとした沖縄自立への試みのひとつとして「沖縄語裁判闘争」

は取り組まれ、ことばと国家の問題を法廷空間に引き出した、ということである。〈在日〉を漂流し、悩める若きオキナワたちもまた「復帰」する日本とは、国家とは何かを問い、〈否〉と〈反〉をその思想と行動に根づかせていったのである。

田中克彦の『ことばと国家』（岩波新書、一九八一年）や『法廷にたつ言語』（岩波現代文庫、二〇〇二年）は、沖縄青年同盟の、まさに法廷に立った言語の試みをもうひとつの〈在日〉と関係づけただけではなく、ほかならぬ琉球語を憲法のなかに措定した琉球共和国憲法案第六条を、社会言語学的視点から世界の事例に引き合わせてくれるテクストにもなっている。ことばに対する旧来の言語学の見識やひとびとの常識が陥っている盲点をやさしい表現でラディカルに解体し、新鮮な理解の窓を開いていく論述に瞠目させられるが、『ことばと国家』のなかの複数個所で、琉球語がおかれている状況を復帰運動との関係で論じている。たとえば「琉球語か琉球方言か」では、「わからなさの点において琉球語は外国語（同然）なのである」と自らの経験を吐露しながら、だが、そういう言い方は、「日本への復帰を強く願った人たちにとって、日本語とは別の琉球語を考えることはその復帰運動を妨害する」とみなされ、「日本との分離の画策に荷担するものだと非難されかねない」として、その人たちにとっては「あくまでも日本語に属する一変種、すなわち、鹿児島方言などと同じ場所にならぶ琉球方言である」と主張することの盲点を見抜いていた。そこから「独立の言語」であるか従属的な下位単位の「方言」であるかは「そのことばの話し手の置かれた政治状況と願望とによって決定される」と記していた。いずれも正鵠を射て、ことばをめぐる政治に対する認識を再考することを迫っていた。復帰運動の従属ナショナリズムがいかにことばの領域にも及んでいるかを言い当てている。同時にそれは、仲宗根が提示した〝政治的対抗概念〟という認識論的転成がどのような位相でいわれているかの理解へと導いてもくれる。

「我々の日常生活において、ことばが法廷と関係をもったり、法がことばの使用に介入したりすることはめったにない」という書き出しの「法廷にたつ言語」では、最近になって「日本国民ではあっても非日本人」や「日本人ではあっても非標準語人」などが、母語によって法廷にのぞみ、それを裁判官が制止する事件が話題になりはじめているとして、例を挙げて紹介したり、複数言語をもつ国での言語の資格と地位の法的規定をめぐって複雑な関係を繙いていた。考察の主な対象になったのは、小倉在住の在日朝鮮人牧師チォエ・チャンホア（崔昌華）さんが、NHKの番組で本人の申し入れに反し、名前をサイ・ショウカと呼んだことで、NHKを相手どり賠償金一円を要求して起こしたことから「一円訴訟」とも「人格権裁判」とも「本名裁判」ともいわれた裁判についてであった。

この在日朝鮮人牧師の「法廷にたつ言語」について、田中克彦は「本名裁判」という角度から「オン・クン漢字は異族・異域を、観念において日本語・日本文化の所有物と化すための、すなわち植民地支配のための不可欠な道具である」という見解に立っていた。そのうえでNHKと裁判所が下した判断を、社会言語学的な知見を駆使して読み解いていたが、興味深いのは、ことばが法とかかわりをもつことを考えようともしない「日本的言語意識」と「朝鮮人は、日本のつごうでいろんな目にあって、もみくちゃにされてきたが、せめて名前だけは、日本人のつごうで読んでほしくないというのがチォエさんの気持ちだろうと思う」という見方に込めた、日本の言語植民地主義によって朝鮮語に残されている傷の記憶に光を当てたことである。

チォエ・チャンホアさんの「本名裁判」は、日本国裁判所法第七四条を盾に「日本語で話すこと」を強要した裁判所と沖縄青年同盟の沖縄語での意見陳述の試みに「私たちの慣れ切った固定観念の臓腑をえぐる。それは、たたかいの感性を、いま一度ゼロ地点へ引きもどし」た、と直言した仲宗根勇の認識と時と場所は違いながらも共振し合っているように思える。在日朝鮮人と在日沖縄人の、いずれも言語が法廷に立った稀に見るケースだった。単一言語・単一民族神話に浸食された言語意識をゆさぶって法廷に立つことを可能したのは、沖縄と朝鮮の、二つの〈在日〉のことばたちを貶めた言語植民地主義への〈反〉と〈否〉の思想であった。琉球共和国憲法案の「基本原理」第六条は、沖青同の試みも含め、沖縄のことばたちが忘却の彼方から送り返してくる遺念を〝政治的対抗概念〟として創設したものである、といえるだろう。

「ミクロ言語帯」と「希望」と「共和国」の見えざる関係

一九七一年の『現代の眼』一月号に、新川明の「〈復帰〉思想の虚妄」とともに併載された川満信一の「ミクロ言語帯からの発想」は、沖縄の思想にとって言語とは何かに迫った、おそらく初めての論考であった。これまでインフェリオリティ・コンプレックスからくる擬態に触れたことで、歴史の闇に封印されたままになっていた、たとえば広津和郎の「さまよえる琉球人」や久志芙沙子の「滅び行く琉球女の手記」を沖縄人自らの手によって開封し復刻したことを、「沖縄の主体性を切り開く」とか「主体的な沖縄の思想の構築」としてその意義を語っている。

また平恒次の「『沖縄人』は訴える」や新川明の「〈憲法幻想〉の破砕」などに注目しつつ、沖縄の主体の自立を公然と突き出していくものである、ともいっている。そして「ミクロ言語帯からの発想」をそうした一連の動きと連なりながら「予定される国家の一方的な支配、文化についての画一的な見地からなされる地方性の扼殺に対して、たたかいの足場としての礎石を明らかにしていく」ためのものであると述べている。おそらく、翌年に迫った国家併合と主体を空洞化した、国家－国民－国語へと投身していく政治・文化的風景の猥雑さに対する危機感からくるものであっただろう。それをミクロ言語帯の闇に降り立つことによって応接したところに特異点があった。

川満はなぜ〈ことば〉をもって時代のクライシスを渡ろうとしたのだろうか？　沖縄の島々の細分化された言語帯に出自をもった自身の、ミクロゆえの言語体験の濃密さと消えゆこうとすることばたちへの哀惜があったことはまちがいない。ミクロ言語帯から浮上して共通語に至る二重三重の階梯をのぼることのうちにある複合意識と支配の構造を見定めること、そこには、沖縄の島々のことばを敷き均していく標準語の吃水線下のミクロな胎内の闇にはぜることばたちをいかにして救い出すことができるのか、という問題意識があった。末尾に置いた「ミクロ言語の胎内の闇に輝くことばの生霊たちを埋め殺すとすれば、沖縄の不幸は政治の表層にみられる不幸などとはくらべものにならないほど深いものになるはずである」とした一節はそのことを物語っている。

沖縄の思想にとって言語とは何かを探訪していったこの論考を、川満はのちに田中克彦の『ことばと国家』が先に出ていたら、沖縄のことばを禁じ、国語の鋳型にはめていった沖縄教職員会への批判はもっと違った内容になっただろうという趣旨の発言をしていた(「吃音のア行止まり」『前夜』八号、二〇〇六年夏)。この物言いはまた、「ミクロ言語帯からの発想」で、標準語に対し「方言」と表記にしたことや「日本において、より豊かですぐれた標準語をつくりあげるには、幾多の方言帯に表土をかぶせていくようなかつての言語政策」を戒める、それ自体もっともな主張だとしても、「標準語をつくりあげる」という一擲へも内省を促すものであった。その一擲に挟まれた「標準語」という三文字がどのような言語の政治に絡め取られていくのかを気づいた疼きに、川満自身が忠実であったということである。だからこそ自省的に振り返ったのだ。

だが、それ以上に問わなければならないのは、「ミクロ言語帯からの発想」という注目すべき論考を残しながらも、「理念の闘い」としての琉球共和社会憲法案になぜ〈発想〉を転生していくことをしなかったのか、ということである。仲宗根憲法案「基本原理」第六条は、この謎に向かって「なぜ」と問いかけてもいる。

さて、ここまで憲法は「社会紛争の効率的な解決というよりも社会問題を創出」することにあるとした酒井直樹の視点を中継しながら琉球共和国憲法案との接触領域にかかわる問題系を辿ってきたが、法案のイメージ喚起力が予期せぬ方角から招き寄せる、精神の〃孤島〃について語らなければならないだろう。唐突に聞こえるかもしれないが、それは目取真俊の掌編「希望」[☆5]である。

琉球共和国憲法案と「希望」、埒外なカップリングにちがいないにしても、琉球共和国憲法案が不可能とも思える理念を掲げることで〈いま〉を煥発したように、「希望」もまた限度を越えていくことばの筋肉によって生存の深部痛覚に働きかける。一九九五年、三人のアメリカ兵による、キャンプハンセンが居座る金武町の少女への凌辱とその後の沖縄社会の大衆的抗議運動の、だが、その慣性に堕した形式主義と基地がひり落とす金に依存した沖縄人のたるみへの根源的異和を、容赦ないテロルを介在させることによって裸出してみせた。主人公の青年（と思われる）の心を占拠しているのは切り詰めた〈否〉の気圧であり、死の哲学である。鎮めようもない憤怒が青年の孤独を衝き、たった独りの叛乱は一線を越え、屹立する。

そのために立てた計略はこうである。「いまオキナワに必要なのは、数千人のデモでもなければ、数万人の集会でもなく、一人のアメリカ人の幼児の死なのだ」。この死の哲学の偏流は、戦後沖縄の運動の定型と沖縄社会を律するアメリカの支配と日本による系列化の意表をついて抑止を不能にする。悪意の不在の地に、悪意を立たしめる、そんなミクロ政治は「最低の方法だけが有効なのだ」というテーゼとなって鞍部を打ち、鋭角となる。青年の行為を「ある時突然、不安に怯え続けてきた小さな生物の体液が毒に変わる」変身のイメージで騙りとって鮮やかだが、「自分の行為はこの島にとって自然であり、必然なのだ」という理屈は意志のネジを巻くようでもある。計算し尽くされたカウンター・ヴァイオレンスの暴風なのだ。

この掌編のひりつくような結末は、三歳のアメリカ人の幼児を殺害し、自らもガソリンをかぶって焼身自殺する、二重のテロルとなって出口などない。この出口のなさは、ラストでさらに二重の謎をかける。「走ってきた中学生のグループが歓声を上げ、煙を噴いている黒い塊を交互に蹴った」という行為もまた二重の解釈を迫るだろう。〝蹴る〟という行為に及んだのが中学生グループであったこと、そしてその〝蹴る〟という行為は異物を打撃する不良行為とも、火を消す行為とも受け取れること。目取真俊は最後の最後にあえて不分明の闇を張り、その細い裂け目に〈希望〉という名を与えたのだろうか。それとももっともらしい解釈を拒み、出口なしは出口なしのままに、謎は謎のままに、〈九五年〉という〝原－場〟にとどまりつづけることによって根源的な異化力でありつづけようとしたのだろうか。さらに青年が死に場所に選んだのが少女暴行事件に抗議する大会が開かれ、復帰後最大といわれた八万余の群衆に埋まった海浜公園であることで、〈九五年〉を再帰させ、〈沖縄とは何者なのか、どこから、どこへ行くのか〉という問いを装塡した試みの場となる。げに「希望」とは〈九五年〉の黙示録なのかもしれない。

「琉球共和国憲法案」と「希望」、憲法と小説、政治体の創設とたった独りの叛乱の違いはあれ、自己の死を生きねばならないという意味で隔てられながらも、沖縄が沖縄であろうとすることの可能と不可能性の臨界からの投瓶行為のようにも思える。そう考えると、千里の径庭があるように思われる二つの表現体は、ラディカルであろうとすることにおいて、その距離は限りなくゼロ度に近いといえるだろう。ポスト復帰一〇年目の発見された〈力能〉の果てまで行こうとした「琉球共和国憲法案」と一九九五年以後の明るい闇をゆさぶった「希望」、〈最高の法規〉と〈最低の方法〉は、北一輝の『日本改造法案大綱』と「琉球共和国憲法案」がそうであったように、対極から呼び、呼ばれ、可視と不可視の〈あいだ〉を設営していく。

復帰直前の一九七二年三月に、仲宗根勇は日本国憲法を物神化した復帰運動の幻想を制憲過程から論じた「民衆にとっての憲法」（『沖縄タイムス』一九七二年三月一四日～一六日）のなかで、実定的な憲法なき沖縄において、憲法闘争（日本国憲法のもとに帰るという幻想）などありえないとしながらも、「問題は、沖縄と沖縄の民衆にとって、憲法とは何であるのか、それは、はたして民衆のたたかいの原点たり得る何らかの政治思想的実質を持ち得ているか」という自律的な問いを立てていた。このアメリカ統治下の憲法なき沖縄での発問は、日本国憲法が適用された復帰一〇年目の沖縄で起草された琉球共和国憲法案の理念を、復帰五〇年のいま、それこそ「仮構を叩いて」、だが別の次元で問わなければならないだろう。はたして琉球共和国憲法案は、理念なき闘争から民衆の理念の原点となり得たのか、と。たしかなことは、未だ地図にない共和国のまま、遠方からのまなざしとなって群島の〝いま〟と〝来たるべき〟への注視者であることをやめることはない、ということである。

「基本原理」第二条及び第三条①からは何がみえてくるだろうか。

第二条　琉球弧を形成する諸島嶼をもって、琉球共和国の可視的領土とし、ニライカナイの地をもって精神的領土とする。

第三条　①琉球共和国は、奄美州、沖縄州、宮古州、八重山州及びその余の周辺離島からなる。分権主義を基調とする連合国家である。

可視と不可視、過去と未来の〈あいだ〉を生きる琉球共和国という名の創設体は、第一列島線という名の国防の目で琉球弧を囲い込んでいく、復帰五〇年目の現実政治に対し不穏な〈無窮動〉としてありつづけるだろう。パーマネント革命としての琉球共和国憲法の理念の光源はけっして弱まることはない。〈反復帰思想〉によって発見された“constitution”は、沖縄を排除した政治空間で、しかも一条の天皇制と九条の平和主義が同居するキメラとしての日本国憲法に対してまつろわぬ外部でありつづけるだろう。

〔注〕

☆1 「アメリカ世二四年　言葉の検証」として、アメリカ統治の曲折をたどり、時代を象徴してきた三つの言葉を取り上げ、「三条の里子」を仲宗根勇、「宿命の十字架」を幸喜良秀、「異民族支配」をいれいたかし(伊礼孝)が検証していた。

☆2 拙論では、特集「琉球共和国へのかけ橋」が実現した経緯を、川満信一氏の発言に依って紹介したが、後日、新川明氏より事実誤認の指摘があった。また本論集収録の新川氏の論考によって企画から刊行までの経緯が詳らかにされたことから、あらためて事実誤認であることが明らかになった。その個所を取り下げ、訂正しておきたい。

☆3 『日本改造法案大綱』は発禁処分になった『国家改造案原理大綱』を一部改訂のうえ一九二三年に改造社から刊行され、日本ファシズムの教典といわれる。一方、皇室財産の処分や私有財産・土地所有の制限、財閥解体などを掲げていたことから、日本国憲法や戦後改革の先駆けともいわれた。巻七で「朝鮮その他現在及び将来の領土の改造方針」が興味を引くが、内地と植民地を区別しない同化主義的な植民地政策である。天皇大権の毒を解く視点を提供してもくれる。

☆4 沖縄青年同盟とは、〈在日〉の沖縄出身学生のサークル「沖縄問題研究会〈海邦〉」と沖縄出身学生寮「南灯寮」のニューレフト有志が合流した沖縄青年委員会のなかの沖縄奪還を主張するグループに対し〈在日・反復帰・沖縄自立〉を掲げるノンセクトが中心となっと沖縄青年委員会〈海邦〉を発展的に解消したかたちで結成された政治結社。一九六九年の日米共同声明に基づく沖縄返還協定を批准する「沖縄国会」

の冒頭、「日本が沖縄を裁くことはできない」「すべての在日沖縄人は団結して決起せよ」と国会内で決起、逮捕された三人の初公判で沖縄語によって陳述を試みる。「復帰」五〇年の今年、全活動の記録集の刊行が予定されている。

☆5　複数の作家による朝日新聞の連載『街物語』に、目取真俊は一九九九年六月、「コザ・街物語」として「花」（六・五）、「公園」（六・一二）、「猫」（六・一九）、そして最終回（六・二六）に発表したのが「希望」である。その衝撃的な内容から多くの作家や批評家によって言及されている。

第二部　危機の時代の生成する磁場のために

「オキネシア」から「琉球共和国」への旅

三木 健

琉球弧は「オキネシア」だ

かれこれ三〇年以上も前になる。私は『オキネシア文化論』（海風社、一九八八年）という本を出した。サブタイトルを「精神の共和国を求めて」とした。「オキネシア」とは奄美以南の琉球弧の島々の総称として、私が考えた造語である。当時、島尾敏雄の「ヤポネシア」という日本列島をひっくるめた呼称で、ユニークな文化論を展開して注目されていたが、あえて私は琉球弧を日本列島から分離し、「オキネシア」として捉えることで、琉球弧の独自性とその精神的自立を打ち出したのである。

一九八五年の夏、私はおよそ五〇日間、ミクロネシアやメラネシアの島々を巡った。勤務先の琉球新報で「世界のウチナーンチュ」の取材企画であった。フィリピンから東にニューギニアのポートモレスビーに飛び、そこからメラネシアのラバウルやソロモン、ナウルを回り、グアムを起点にミクロネシアのトラック諸島、ポナペ、北へサイパン、テニアン、南にヤップ、パラオなどの島々を回り、沖縄の子孫を訪ね歩いた。

五〇日近い長旅で、宿を予約したのは最初のマニラだけで、あとは出たとこ勝負であった。島は世界中どこも同じだ、という妙な自信めいたものがあった。それに島にはどんなホテルがあるのかさえ定かではない。いまのようなネット社会ではなかったこともある。ぶっつけ本番の旅は、いろんなドラマに満ちていた。

たとえばトラック島の空港に降り立って客待ちらしいライトバンの運転手に「沖縄から来たものだが、このあたりに宿はないか」と日本語で訊いてみた。すると相手の人は「おー、沖縄か」というや、突然、沖縄民謡の「だんじゅかりゆし」を歌いだした。驚いた私は「沖縄の方ですか」と尋ねると「いやこの島のものだ」という。戦前たくさんいた沖縄移民から教わったという。とかく島はそんな調子である。島を渡る温かい風、柔らかい人々のものごし、私は少年のころ石垣島で過ごした日々を、懐かしく思い出していた。

南太平洋に広がる島々は、日付変更線から東をポリネシア、西側をミクロネシア、その南をメラネシアと呼ぶ。むろんこれは西欧人が便宜的につけた区分である。メラ（黒い）、ミクロ（小さい）、ポリ（多くの）という形容詞はことなっても〝ネシア〟（島々）という共通項でくくられている。

「このネシアこそ、基層のところで琉球弧と結びあっているのではないのか。南太平洋の島々を飛び石伝いに訪ねながら、ひょっとすると、太古の昔、これらの島々と琉球弧とは、スタートを同じくしていたのではないか、と思ったものである」（前引『オキネシア文化論』）

五〇日間もこれらの島々を歩き回って、琉球弧はまぎれもなく太平洋のひとつの文化圏ではないのか。その中に位置づけられるべきではないか、と思うようになった。そこで長旅から戻り、次のように書いたのであった。

「ひとつには琉球弧をネシアの厳密な意味でのオキネシア圏として見据えることによって、ヤマト文化との異相を捉え、そのことによって日本を相対化し得る、と思うからである。

いまひとつは、南の八重山から北の奄美諸島を含む琉球弧を、一つの『オキネシア文化圏』として、捉えることによって、琉球弧に住む人びとの精神の共和国を構築していくことである。それは偏狭な民族主義や天皇制の純血主義とは無縁な、海にひらかれたインターナショナルな思想でなければならない」（前引『オキネシア文化論』）

そしてそのあとに、次のような一文を添えて結んでいる。

「この精神の共和国の上に、将来どのような政治社会を構築していくか。この精神を顕現していくためには、どのような器が望ましいのか。それは『オキネシア』に課せられた今後の課題である」と。しかし、私はその課題を未だに果たし得ていない。また、それは大きすぎる課題でもあった。いまだに「精神論」の域を出ていない。

「反復帰論」の先にあるもの

日本復帰前に新川明たちがいわゆる「反復帰論」を唱え、日本復帰運動に内包する民族主義的な思想と行動に疑問が投ぜられてきた。そうしたなかで沖縄タイムス社が発刊する『新沖縄文学』が、一九八一年の四八号で展開した「琉球共和国への架け橋」の企画のねらいは、「反復帰論」のその先に一石を投ずるものであった。当時、同社に勤務していた上間常道によればその企画は「五日市憲法草案」がヒントになった、という。（上間常道「色川さんと自分史」『沖縄と色川大吉』不二出版、二〇二一年）

「五日市憲法草案」は、一九六八年に当時、東京経済大学に在籍していた色川大吉教授の率いるゼミ生たちにより、東京都五日市の豪農・深沢家の土蔵から発見された。明治期の自由民権高揚期に、草莽の民権家・千葉卓三郎たちによってまとめられたもので、色川が「五日市憲法草案」と命名して世に紹介し、一躍脚光を浴びた。

一九七四年ごろから色川は沖縄にも足を運び、自由民権百年記念講演会をするなどして、沖縄側との交流をしていた。その成果のひとつが「琉球共和国憲法草案」といってもよいであろう。色川自身も同特集号に「『琉球共和国』の詩と真実」の一文を寄稿し、「琉球共和国よ、古い諸国家のあやまちをくり返すな！　縦横無尽、奔放自在な民の創意性を発揮し、真に自由な土地に自由な共同社会をつくることを願う。ひろく外に向かって国を開いて、この地上のにぎわいの中心になってほしい」とエールを送っている。そして「それには少なくとも次の十項目は入れてほしい」として、常備軍の廃止、土地の共有、位階勲等の廃止、基本的人権の無条件補償、死刑・拷問の廃止などを挙げている。（詳しくは前引『沖縄と色川大吉』参照）

日本復帰後の閉塞状況を打開する試みとして「琉球共和国憲法草案」にはその思いが込められていたかと思う。『新沖縄文学』四八号の特集号には、川満信一の試案と仲宗根勇試案の二つが掲載された。川満試案は「琉球共和社会憲法」と題し、「国」ではなく「社会」としたところがミソである。国家を解体したあとの社会を想定して書かれたものとか。憲法にしては、いささかラフなスタイルで書かれている。国家ではなく社会とあれば、それはそれでいいか、と勝手に納得したものである。その辺のところは「オキネシア」に近い。

それに比べて仲宗根試案の方は、川満試案とは対照的に研ぎ澄まされた文章で、完成度の高いものだ。それもそのはずだ。仲宗根は東京大学法学部で当代一流の憲法学者といわれた宮沢俊義の後任で改憲論に一貫して反対し学界をリードした小林直樹教授の憲法講義を受講した人、一九六五年に卒業して琉球政府の裁判所に入り、のちに裁判官をした生粋の法曹人である。一九八一年に『沖縄少数派』という評論集を出し、「憲法草案」をぶち上げてあとは、裁判官の職務に専念していたようだ。

その後、裁判所の職務から解放されて、出身地のうるま具志川九条の会の共同代表として、辺野古の基地建設阻止のテント村へ。請われるままに挨拶していたが、その端々に出てくる法律談義が面白く、リクエストに応えているうちに「辺野古テント村総合大学」の専任講師に。私も一、二度この「講義」をテント村の片隅で拝聴したことがある。これらの「講義」は二〇一五年に『聞け！オキナワの声』として未來社から出版されたほどである。

辺野古のテント村の「講義」では、軽妙洒脱な法律論を展開していたが、「琉球共和国憲法試案」は、さすがに格調の高い条文である。ここに貫かれているのは、あくなき自立への精神である。

私はこのような試みは、いきなり「憲法試案」のような高度のものではなく、憲法前文に相当する「憲章」のようなものを、一般から公募するなりして、理念を作り上げるところから始めてはどうか、と思っていた。仲宗根試案が、高い理想と深い学識に裏づけられたものであることに敬意を払いつつも、すんなり理解できたかどうか。条文に何倍かする量の解説を読んで理解に努めたが、それも高度なものである。

興味深いのは、同試案の第三条で共和国の構成を奄美州、沖縄州、宮古州、八重山州の四州からなる「連合国家」と規定しているところである。第四条で「各州に完全なる自治権を保障する」としているのは、興味深い。このうち奄美は、かつての琉球王国時代には、王国の統治下にあったが、近代の明治政府による琉球併合の際には鹿児島県の一部となり、アジア・太平洋戦争後の米国統治で再び沖縄と同じ米軍統治下に置かれたが、一九五三年に沖縄より一足早く施政権が返還され、鹿児島県に編入された。以後、政治行政や民衆の意識も北向きとなり、沖縄とは隔たりがある。「奄美州」に至る道は簡単ではない。

南端の「八重山州」に関しては、一九〇八（明治四一）年に石垣、大浜、竹富、与那国の四つの村が一郡一村の「八重山村」として置かれたことがある。離島の民度を低く見、離島の実情を無視した明治政府・沖縄県庁の差別的な措置であった。交通の便や通信手段の乏しいなかで、あれだけの広域行政を行なうのは困難をきたし、発足直後から分村化の声があがった。数年後の一九一四（大正三）年に石垣、大浜、竹富、与那国の四村に分離されたいきさつがある。その後、大浜町が石垣市に合併して石垣は一島一市となり、現在に至っている。また、沖縄戦後、米国は沖縄統治の政策として一九五〇年に奄美、沖縄、宮古、八重山の四つの地域に「群島政府」を置き、その長に住民の直接選挙による知事を据えた。

この群島知事選挙の頃、私は石垣島の小学生であったが、選挙運動の激しさは子どもながらにも覚えている。御嶽の境内で開催された選挙演説会場は、黒山の人だかりで激しいヤジの応酬であった。俗に「シロ・クロ対立」と呼んでいたが、石垣港から離島に通う船舶まで「あれは〇〇党の船だ」といって、党派の違う船には乗り込まなかったほどだ。とかく狭い地域で大人たちには息苦しい面もあったに違いないが、戦後間もないころで、活気があったともいえた。

ところで選挙で選ばれた四つの群島知事は、いずれも「日本復帰」を主張した候補者が選出された。慌てたのは米国政府である。わずか二年で群島政府を廃止し、米国政府が任命する行政主席を長とする全琉球統一の琉球政府を発足させた。沖縄統治の最高責任者である高等弁務官のもとで、任命主席が行政を取り仕切っていた。時の高等弁務官・キャラウェイが「琉球における自治は神話である」と言ったように、そこに自治はなかった。

一九五〇年に朝鮮戦争が勃発。一九五三年に米国民政府が「土地収用令」を出して、米軍基地拡張のため本格的な軍用地接収に乗り出した。「銃剣とブルドーザー」で沖縄本島中部の住民の家や屋敷を接収し始めた。土地の所有権を残したまま、軍用地料を一括払いするという。事実上の米国による永久接収だというので、①軍用地の一括払い反対、②使用料の一年契約、③適正補償、④新規接収反対のいわゆる「四原則」をかかげて、軍用地接収反対運動が全琉に広がった。

その頃、私は石垣島の八重山高校生であったが、学校の講堂で生徒会主催の軍用地接収反対集会が開かれた。夏休みには本土に「留学」していた帰省学生が、桟橋前の広場で反対演説会を開いていた。石垣島には米軍基地はなかった。わずかに八重山を統括する八重山民政官府の官舎があったくらいだ。

高校の近くに「八重山琉米文化会館」という米国民政府が建てた図書室やホールを備えた文化施設があった。全琉に五か所建てられたアメリカ流の最先端の文化施設である。いわば米国の文化とデモクラシーのショーウィンドウである。時間のあるときは、よく遊びに行っていたので、職員ともいつしか顔見知りになっていた。あるとき、そこの小ホールで、演劇をやるので出てくれないか、と誘いを受けた。秋田雨雀の戯曲『埋もれた春』という初恋物語であった。その演出を八重山高校先輩の豊川善一がやるという。彼は高校同期の女生徒のお兄さんで、琉球大学に学んでいたが、軍用地接収反対の反米運動をしたというので、六人の学生と共に退学処分を受けた。いわゆる「第二次琉大事件」である。失意のうちにしばし母子家庭の郷里に帰省していた。

あとで知ったが、演目に『埋もれた春』を選んだのは、大学を追われた豊川が自身の立場に重ねたのであった。それにしても反米運動で処分された学生に、演出を頼んだ職員たちの度量と勇気に敬服する。

軍用地接収の問題は全琉に拡大し、その頃から大衆運動の潮目が変わってきた。それから「自治権獲得」を求めて「主席公選」の大衆運動へと広がる。そして一九六八年に初の公選主席に沖縄教職員会会長の屋良朝苗が当選して、流れは日本復帰運動へと収斂していく。

先人たちの「琉球独立論」

私は一九五八年に八重山高校を卒業して上京。浪人中に郷里の八重山毎日新聞に「アメリカ建国の精神と沖縄」と題して寄稿した。アメリカは民主主義を売り物にしているが、沖縄でしていることとそれはどんな関係があるのか、と琉米文化会館で得た知識でお返しをした。

大学（明治大学）に入ったころは、六〇年安保闘争の高揚期であった。学内の雑誌部に籍を置き、その仲間たちと国会のデモに繰り出したが、日本の安全保障問題を問う闘争に、極東最大の軍事基地のある沖縄問題がスポイルされているのに、違和感を禁じえなかった。学内で発行されていた評論雑誌に「祖国への不信」という一文を投稿し、掲載されたこともある。

一九五八年にカリブ海のキューバで、フィデール・カストロがわずか百数十人の革命軍を率いて上陸、アメリカ傀儡政権のバチスタを倒し、カストロ政権を樹立した。同じ亜熱帯でサトウキビの島ということもあり、親しみが湧き、カストロの法廷陳述を本にした『わがキューバ革命』（理論社刊）を愛読した。

一九六〇年には植民地からの解放の権利を認めた「植民地解放宣言」が国連で採択され、沖縄に引きつけて私はそれを読んだ。人類の普遍的な価値観である基本的人権という視点から、米国の沖縄統治のことも捉えなければならないと思っていた。

一九六二年にアジア・アフリカ作家会議がアフリカのモシ市で開かれ、日本からも堀田善衛らが参加、植民地解放に向けての関心が高まった。それに参加した人たちや関心のある若者が「アジア・アフリカ仲間の会」という会を作って活動を始めた。私もこうした植民地の動向を少しでも知ろうと、この会に参加した。朝鮮問題やアフリカのことなどに熱心に関わっている仲間たちに触発された。

「すべての人民は自決の権利をもち、この権利によってその政治的地位を自由に決定し、その経済的、社会的及び文化的向上を自由に追求する」(「植民地諸国・諸人民に対する独立付与に関する宣言」、一九六〇年)

こうした宣言は、沖縄の運動が孤立したものでないことを示し、勇気づけられたものだ。

そのころ米国民政府がまとめた琉球の「集成刑法」は、沖縄人が米国夫人をレイプすれば、「死刑に処す」と定めていた。沖縄では日常的に米兵による婦女暴行が絶えないが、あからさまな人種差別である。まさに植民地である。集成刑法の問題点を小論文にまとめた。当時、専攻していた「社会思想史ゼミ」のメンバー数人と、夏休みを利用して沖縄に出掛け、若者の意識調査をした。その報告書を評論家の中野好夫が良く引用していた。

理不尽な状況を変革するには、世論の力による外にない。その世論の形成に大きな役割を果たすのはマスコミであり、とりわけ新聞が欠かせないと思い、ジャーナリズムの道を選択した。大学卒業後の一九六五年に、沖縄の新聞社・琉球新報社の採用試験に応募し、記者として採用された。この年八月に佐藤栄作が現職の総理大臣として初めて沖縄を訪れた。日米の沖縄返還交渉がそろそろ始まるというので、東京総局報道部記者に配属された。そして四年後の一九六九年に沖縄返還交渉が本格化し、駆け出しの記者として駆け回っていた。

沖縄の歴史転換期の取材に関われるのは、めったにあることではない。数少ない沖縄の記者として、この取材は責任の伴う仕事ではないのか。ただ現象を追って記事を書いているだけでいいのか、と考えた。取材したノートから記事になるのは、そのうちのわずか何パーセントかだ。多くは記事にならずに捨てられる。

その頃、東京から本社編集局に記事を送るのは、電報の頼信紙にカタカナで書いていた。いつも頼信紙と鉛筆を持ち歩き、夕方になると大手町の電報局で打電した。頼信紙の頭に「ウナホウ」と書いて出した。「ウナ」は至急電、「ホウ」は報道の略で割引があった。二、三年は続いたか。そのうち時事通信社と契約しカナテレで送るようになったが、それでも記事化できる量は限られていた。

そこで私は、政府要人たちや関係者の話を取材ノートから書き写して、記録として残すことにした。日曜の休みに二〇〇字詰めの原稿用紙に取材ノートから政府要人や政治家たちの発言を書き写し、私自身のコメントも書き添えて残した。そんな作業を一九六九年のほぼ一年間つづけていた。原稿の束は数十センチの高さになったが、活字化されないまま、自宅の押し入れにお蔵入りしていた。

その後、一九七五年に私は那覇の本社に転勤となり、発足間もない沖縄県庁記者クラブのキャップとして屋良朝苗県政をカバーする。琉球政府時代の行政庁舎がまだ残っており、職員も琉政時代の雰囲気を引きずっていた。冷房もなく、夏の暑い日にはステテコ姿で、うちわをばたつかせて執務する職員もいた。仕事が終わる夕方には、酒盛りが始まった。日本復帰前は四階建ての第一行政ビルの三、四階が米国民政府で、簡単には出入りができなかった。ビルの上には星条旗が翻っていた。

お蔵入りしていた原稿が、出版されたのは二〇〇〇年である。『ドキュメント・沖縄返還交渉』(日本経済評論社)として世に出た。当時、沖縄返還交渉を研究テーマにしていた琉球大学の我部政明に、この原稿を見せたところ「ぜひ出版して多くの研究者が活用できるようにしてほしい」との強い要望があった。アメリカでは沖縄返還交渉の公文書公開が、そろそろはじまるころであった。

その頃、呑み屋の前借で差し引かれた給料袋はわびしかったが、それでもよく呑んだものだ。正月に年始のあいさつ回りで呑み歩く戦前からの「旧慣」がまだ残っていた。ある年の正月、気心の知れたほろ酔い気分の同僚三人で、那覇市松川の屋良知事の自宅へ押しかけた。お屠蘇をいただきながら、日ごろの労をねぎらい、歓談した。その話の内容は酒と共に蒸発して記憶にないが、ただ一つだけ記憶していることがある。酒の酔いに任せて「沖縄の独立をどう思うか」と問うたのである。屋良は即座に「あり得ません」と答え、これ以上の質問は愚問と言わんばかりであった。日本復帰運動をけん引してきた屋良としては、当然と言えば当然だが、その即答ぶりが印象的であった。

悪友三人組はその足で、近くに住む池宮城秀意の家に押しかけた。池宮城は当時の琉球新報社の社長で、悪党たちのボスである。池宮城は戦前、早稲田大学を卒業後、左翼運動をしたかどで逮捕され、豊多摩刑務所から沖縄刑務所に移送され、三年間も収監された体験の持ち主である。大のヤマト嫌いとして知られていた。

ここでも何を話したのか記憶にないが、屋良へぶつけたと同じ質問をしたのだけは、覚えている。池宮城はしばし考えた挙句、ポツリと「すべきだね」と、答えたのだ。

池宮城は以前から「国連信託統治論者」として知られていた。それは一九五一年の対日講和会議のころの話である。そのころ書いた「沖縄は国連信託統治たるべし」という『うるま新報』(『琉球新報』の前身)の社説がある。結論のところを引用すると、こうである。

「筆者がここで提唱したいことは、破壊された沖縄の再建は第二次大戦に参加した諸国の責任において遂行して貰うことにし、沖縄を国連信託統治とし、国連に沖縄復興の責任をとらしめることを実現するよう努力すべしということである。そして国連信託となったその後においてアメリカの単独統治とするか否かは、国連における決定にまつ外はない。遠き将来において沖縄或は琉球が独立し得れば独立でもよし、或は日本に帰属するかアメリカに帰属するかは、その時における情勢によって全人民の意志によって決定すればよい」(『うるま新報』一九五一年二月二日、社説、『沖縄反骨のジャーナリスト・池宮城秀意セレクション』所収、ニライ社刊)

なにがなんでも日本復帰ではなく、いったんは国連の信託統治下において、その次を考えるという二段階論である。しかし、当時このような主張は沖縄社会党が支持したのみで、社大党や人民党は日本復帰を支持していた。それが一九六〇年代の復帰運動へと繋がっていく。『沖縄反骨のジャーナリスト・池宮城秀意セレクション』の編者である森口豁は、こうした池宮城のことを、次のように解説している。

「池宮城は大の日本嫌い、日本人嫌いの人として知られた。日本は敗戦によってすべての戦前的なものを清算し、過去と決別したと言われるが、池宮城はそれを懐疑的に見ていた。『日本人は根っこのところでは何も変わっていないのではないか。何事につけ、うって一丸となり、遮二無二突き進む。いつまた体制翼賛的な風潮がわき起こるか知れたものでない』」。

沖縄が〝島ぐるみ〟で日本復帰に向かって燃えるなかで、池宮城はこう言いつづけた。そんな思いが彼をして日本復帰論に水を差させ、『国連による信託統治』を主張させたが、心の底には戦後再生を果たした〝民主的国連〟に対する期待（世界連邦への夢）と、今一度立脚点に踏みとどまって『沖縄の進むべき道』を皆で冷静に考えるための時間稼ぎ、という思惑があった。『国連』に賭けたものがロマンであるなら、『反復帰』に賭けたものは「自立」への気概であった」と。

こうした池宮城の複眼的なものの見方は、対日講和条約締結後も維持され、一九六〇年代の復帰運動の高揚期でも変わらなかった。屋良は高揚する沖縄内の大衆運動と、本土政府との間に立ってトレードマークの縦ジワも深まるばかりであった。一九六九年十一月の日米首脳会談で、佐藤首相とニクソン大統領との間で施政権返還が合意されたときも、屋良は帰国する佐藤を出迎えに上京するが、沖縄の状況がそれを許さず、結局、東京のホテルの一室で一睡もせず、悶々として夜を明かした。

屋良が羽田に来ていないことを知った佐藤内閣の大番頭の保利茂官房長官（佐賀県選出）は「二度と官邸に入れるな。九州男児とも思えない」と激怒したという。残念ながら沖縄の男性で自らを「九州男児」と思っている者は、一人もいまい。屋良は沖縄開発庁の床次長官を通じて、官房副長官の木村俊夫の計らいで佐藤に対面する。

首脳会談から帰国した愛知揆一外務大臣と、佐藤首相との会見について、後年、屋良は二つの裏話を吐露している。

「故・愛知外相が『屋良主席と差しで、二人だけで話したいから、他の方は控室にお引き取り下さい』と言って、二人きりで話をしました。突然、愛知外相が私を抱きしめて慟哭しました。『対米交渉を精一杯しているが、県民の期待にそえず残念だ。国力の差でどうにもならん』と吐露したのです」（神山長蔵編『沖縄・復帰の日』の序文、二〇〇八年、自費出版）

いささか浪花節めいた話ではあるが、東北出身で文部大臣経験者の愛知とは、ウマが合っていたようだ。

もう一つは佐藤首相との会談である。

「故・佐藤総理に面談した時に、総理は『屋良君、復帰運動をもっと強く、派手にやってくれよ、そうすれば私が対米交渉する際には有利に展開できるから』と言われました。さすがに大物の政治家だと実感しました。沖縄では復帰運動をする人は特別の人だ、といって異端者扱いをしていた状況とは対照的でした」（前引『沖縄・復帰の日』序文）

ここでいう「佐藤総理に面談した時」というのは、おそらく訪米前のことであろう。佐藤が、復帰運動をどう見ていたかをうかがわせるエピソードだ。沖縄の復帰運動を対米交渉に有利に使おうとしていた思惑が透けて見える。復帰運動は体制側にとって、もはや対立する勢力ではなくなっていた。それのみか返還交渉をするうえで、有利な材料だと位置づけていたのである。その返還交渉をした佐藤を「大物の政治家」とみなすところに、屋良のナショナリスト的な一面をも忍ばせている。

屋良は主席在任中から、さまざまな問題を抱えて上京し、政府の要人と面談していたが、その待合時間に同席することがよくあった。そんなある日、屋良は私にこう話したことがある。「沖縄のようなむつかしい問題を解くには、鋭利な刃物ではだめで、大鉈のような鈍器でなければならない」と。復帰運動をリードしてきた屋良らしい話で、それは屋良のいわば大衆運動家としての哲学でもあった。

その後、沖縄返還協定が取り交わされる段になり、返還協定の内容が明らかになるにつれ、革新派は協定調印反対を打ち出すが、元行政主席で那覇市長などをつとめた保守派のボス的存在の当間重剛がこの段に及んで「復帰時期尚早」を唱えたというので、話題となった。それを聞いた愛知外相は「行政主席経験者ともあろう人が……」と、激怒したという。その話を取材先の外務省で、間接的に聞いた。これは地元の新聞に掲載された意見広告で、広告主は地元経済人などでつくっていた「沖縄人の沖縄をつくる会」というもので、その筆頭に当間の名が挙がっていた。

そのことについて池宮城秀意は「復帰とその後の沖縄——虚構と真実はすり替えられぬ」という一文の中で、次のように書いている。

「当間の発言は、決して不用意のものではなかった。行政を知り、経済に関心を持つ彼には佐藤・ニクソン会談で、あっさり沖縄を返してあげようといった時点で大きな不安が湧きあがったのである。革新派の屋良行政主席は、教師上がりで経済については無知に近い。彼のスタッフにも経済を知るものは絶無である。そそくさと返還が実現しては大変なことになる、と当間は考えたわけである。ことをいそげば、返還は行財政その他すべての面で日本政府のペースで片づけられてしまうにちがいない。日本政府と琉球政府（復帰すれば県庁）との力と能力の差から、そうなるのは明白だ、と彼は考えた。事実また復帰の準備作業の上でもそのようになりつつあった」（前掲『沖縄反骨のジャーナリスト』）

このように書き、あくまでも複眼的な見方でとらえている。

琉球大学の教授から第四代目の沖縄県知事になった大田昌秀は、沖縄系ハワイ移民の親しい人たちから「せっかく沖縄が日本と縁を切るチャンスだったのに、なぜそのチャンスを逃してしまったのか」と問われてショックを受け、日本復帰に至る民衆意識の解明にとりくんでいる。『沖縄の民衆意識』（弘文堂新社、一九六七年）や『近代沖縄の政治構造』（勁草書房、一九七二年）など一連の著作にも現われているが、とりわけ一九七三年から七四年にかけ、約一年間ハワイ大学のイースト・ウェストセンターに招聘されて研究したさい、沖縄のアイデンティティ問題について調査研究している。帰国後、『琉球新報』に「沖縄のアイデンティティ」と題して連載した。その後『沖縄人とは何か』（グリーンライフ社、一九八〇年）と改題して刊行されたが、そのなかで、戦後の復帰運動が戦前に皇民化教育を受けた人々によってリードされてきたことに注目して、次のように書いている。

「沖縄の復帰運動が、当初、戦前の指導者である年配の人々によってリードされてきたことについては、これまでこれらの人々が普通の人びと以上にナショナリステック（国家主義的）だったことが強調されてきました。私はその点、これらの復帰主導者たちが、一般庶民とは比較にならないほど、名実ともに『同化を完了した』人びとであったことに注目せざるを得ません。なぜなら、日本への同化を完了した人と完了しえていない人によって感じる危機感への対処において差異が生じるからです。一方、同化を達成した人びとは、そうでない人びと以上に、アイデンティティ喪失の危機意識をより濃厚に感得することも見逃せません。

言いかえると、戦前の指導者たちは、同化を完了していたというだけでなく、戦後、アメリカ文化への接触の度合いが一般民衆にくらべ大きかったので、自己喪失の危機感もそれだけ深刻に感じ取り、日本へ回帰することによってその危機を克服しようとはかったとみることも可能に思われるのです。」（前引『沖縄人とは何か』）

確かに沖縄教職員会の会長をやった屋良朝苗や、祖国復帰協議会会長をした喜屋武真栄など復帰運動の指導者たちを想起すれば、理解がゆく。では、戦中派の大田自身はどうであったか。学徒出陣で駆り出され、首里の第三二軍司令部濠から、南部に敗走して敗戦を迎えた大田は何をみたのか。「私自身は、戦場における友軍の間に『他人』を見ることによって、自己の出自や血統について考えこまざるをえない立場に追い込まれたわけです。皇国民教育に骨がらみにされた結果、みずからを日本国民と規定して、みじんも疑念をもたなかった私が、日本人と沖縄人とを対比的にみるようになったそもそものきっかけは、戦場におけるこの体験に根差しています。その点、おそらく一般の沖縄人にとっても同様ではなかったかと思います。戦後に顕在化した沖縄人の『沖縄への回帰』の一般的傾向や、日本人との間にかもしだされた一種の違和感の根もすべてとはいわないまでもそこにあるようにおもいます」（前引『沖縄人とは何か』）

骨の髄まで皇民化教育を叩きこまれたはずの大田が戦場で見たのは、友軍の中の『他人』であった。軍隊の中の沖縄人差別や戦場での沖縄住民へのいわれなきスパイ扱いなど、これが同じ国民のすることか、との抜きがたい体験からである。しかし、戦中派のこうした「沖縄回帰」の思いは、戦前の教師たちの主導する日本復帰運動の怒涛の中では、かき消されていった。わずかに沖縄タイムスの新川明らの「反復帰論」が、激流に抗して打ち上げられたが、それが理解されるには、なお時間を要した。

「世界のウチナーンチュ」の発見

日本復帰一〇年が過ぎ、沖縄民衆の間に「こんなはずではなかった」という失望感がみなぎっていた。広大な米軍事基地はほとんど変わらず、ドルから日本円に移行して物価高が家庭経済を苦しめた。台風被害で、離島の農家の離農が進み、その弱みに付け込んで、本土の土地ブローカーが暗躍、土地を買い占めていた。日常的なこんなニュースが、どんよりとした雲のように、沖縄じゅうが喪失感に襲われていた。琉球新報社内の同僚記者たちと酒を呑んでも「なんとかならないか」

「どんな企画でこの窮状を訴え、脱出すべきか」、その出口を求めて、寄ると触ると議論を交わしていた。

そんな話のなか、これまでの海外取材の体験から「ウチナーンチュは、本土では差別され、うだつが上がらないが、移民で出かけた世界のウチナーンチュは、結構頑張っている。これはいったいどうしてなのか。ひょっとするとそのなかに、情況脱出のヒントがあるのではないか。まずはその世界のウチナーンチュの実態や、生きざまを取材し、紹介してみてはどうか」という話が、何人かから出された。これまでにも散発的に海外訪問団への同行取材などで海外レポートを書いており、そうした感想は共通していた。

そこで始めたのが一九八四年の一月一日からスタートした「世界のウチナーンチュ」である。この企画は一九八五年十二月二十八日まで、実に二カ年に及ぶロング企画であった。国や地域別に担当記者を送り、フロント頁の左肩にカラーでヒューマンストーリーを連載し、毎週一回一ページを使ってその国や移住地についてカラー特集を組んだ。記者を送り込んだ国は、南米のブラジル、ペルー、アルゼンチン、ボリビアや北米やハワイ、カナダ、中米のメキシコやキューバ、さらにヨーロッパ、東南アジア、オーストラリア、ニュージーランド、メラネシアやミクロネシアに及んでいる。

その頃はまだ一世移民の人たちが健在であった。また掲載期間中にブラジルのカンポグランデ入植七〇周年、ペルー移民八〇周年、アルゼンチン日系移民百周年、ボリビア入植三〇周年などがあり、そのつど記念行事の模様が紹介された。当時、編集局長だった宮里昭也はこう書いている。

「取材から帰った記者たちがまず語った印象は、どこの国でもウチナーンチュはよく現地に溶け込んでいる、ということであった。全部が全部、成功しているわけではなく、なかには本人の意志や努力に反して無念の涙を飲みつつ異国での生活を余儀なくされている人も多いが、いずれにしてもウチナーンチュの〝現地化〟はひときわ目立つようだ。このことはこれからの〝国際化時代〟に沖縄県人が持つ大いなる能力といっていい。今後ますますこの能力は生かされ、発揮されると思う。」

（琉球新報社編『世界のウチナーンチュ』三・ひるぎ社、あとがき、一九八六年）

連載は評判となり、茶の間の話題をさらった。そのうち『沖縄タイムス』も連載を始め、テレビも取材班を送り放送を始めた。なかでも沖縄テレビは「われら地球市民」を始め、活躍する世界のウチナーンチュの映像を茶の間に届けた。やがて「世界のウチナーンチュ」はすべてのメディアが取り上げ、世間のブームになった。沖縄県民はこうした世界のウチナーンチュの姿に、幾ばくかの自信と誇りを抱く契機ともなった。

そのブームを背景に「世界のウチナーンチュ大会」を沖縄県が開催することになり、一九九〇年に初めての大会が開かれた。南米のブラジル、ペルー、アルゼンチン、ボリビア、北米のアメリカ、カナダ、そしてハワイ、フィリピン、そしてヨーロッパ各国から馳せ参じ、お互いの「ウチナーンチュ」としてのアイデンティティを確認しあった。

初めて開かれた大会は、「第一回」という冠はついていなかった。第二回目を開催するかどうかは、開催してみて検討するというのが県当局の考えであったが、海外からの参加者や熱い歓迎ぶりに意を強くした沖縄県は、閉会式でこの大会を第一回目とし、「万国津梁の民」を時の西銘順治知事が宣言して閉幕した。

五年に一度の大会は、回を重ねるごとに参加者が膨らみ、沖縄県の国際的な催しとなった。それは沖縄人の「ウチナーンチュ」意識の向上と、海外に広がる沖縄県系人との絆を深めることになり、日本復帰後の希薄化しつつあった「ウチナーンチュ」意識の啓発、アイデンティティの形成にも大きく寄与した。

こうした「世界のウチナーンチュ」との絆を、より強固なものとし、沖縄の新しい社会の構築のためには、沖縄の交流の拠点となるような「世界ウチナーンチュセンター」が必要だと思い、高山朝光沖縄ハワイ協会顧問らとセンター設置支援要請委員会をつくり、沖縄県に対し要請活動を続けているところである。

私の島へのこだわりは、一九八五年のミクロネシア、メラネシアなどの島々を取材して以来、ますます強まった。一九九二年にカリブ海の島嶼国家・バハマの首都ナッソーで第三回「世界島嶼学会」が開催されたとき、取材に出かけた。時あたかも日本復帰から二〇年目にあたっていた。現地での参加者による座談会を開くなどして、島嶼への関心を呼び掛けた。北米からは経済学者で琉球独立論者としても知られるイリノイ大学の平恒次教授、沖縄からは島嶼学の嘉数啓や大城肇、外交史の我部政明らが参加している。沖縄と同じ緯度に位置するバハマは、一九七三年にイギリスから独立したばかりで、一九七二年に日本に返還された沖縄と似たような環境下にあり、興味は尽きなかった。

編集局次長の時に「世界島嶼ジャーナリスト会議」を企画・主催して沖縄で国際会議を開いた。

カリブ海の島や、地中海のマルタ島、韓国の済州島、太平洋のサイパン島など現職の新聞・放送記者を招き、島嶼の抱える課題やその解決策などについて報告し、論じあった。国は異なり、言葉もそれぞれ異なるが、島社会という共通の土俵で、連帯感が湧いたものだ。

そのなかのひとり済州島の済州新聞社の論説委員をしていた文大弾は、わが家でホームステイをやり、会議が終了したあと、今度は私が済州島に出かけ、彼の家にホームステイして親交を深めた。済州島は「韓国の琉球」ともいわれ、歴史的にも朝鮮半島との関係は、琉球と日本本土との関係に似ている。この「世界島嶼ジャーナリスト会議」が刺激となり「日本島嶼学会」が発足したのも忘れがたい。

個人的には、学術研究のみならず、政治経済を含め、島嶼の抱える共通問題を話し合い、解決を志向する「世界島嶼連合」のような国際的な組織ができればいいが、と思ったものである。

ニューカレドニアとの交流に学ぶ

私は二〇〇六年に役員定年を迎えた。退職後の初仕事として、かねてから気になっていたニューカレドニアに取材に出かけた。そこには一九〇五年から四度にわたり八二一人の出稼ぎ移民が沖縄から渡っている。ニッケル鉱山の労働者として出稼ぎに行ったものだが、これまで書かれた移民史では、たんに数字があるだけで、その実態がわからず、顔の見えない「空白の移民史」であった。

じつは一九八五年に太平洋の島々に沖縄移民の痕跡を訪ねて取材したときも、ニューカレドニアのことが気になっていたが、予定していた取材ルートからかなり外れていたので、カバーできなかった。そこでいつの日か訪ねて、沖縄系の人たちに会ってみたいという思いを抱きつづけていた。しかし在職中にその願いはかなわず、退職後に持ち越された。

初めて訪ねたニューカレドニアは、美しい島であった。ヌメアの中心部にはフランス政府から派遣された高等弁務官のオフィスに、フランスの三色旗が翻っていた。それは沖縄が米国の直接統治下にあった当時のアメリカ高等弁務官府を思い出させた。改めてこの島が、フランスの植民地であることを実感させられた。

島と言っても人口は約二五万人、面積は四国ほどもあり、首都のヌメアから沖縄系の多く生活している北部のポワンディミエまでは、車で五、六時間もかかる。改めてその大きさを実感した。フランス政府は本国ではできない軍隊の実弾演習を、島の南部でしているという。沖縄と似た構図が見えてくる。

沖縄から出稼ぎに来ていた一世たちは、すでに世を去り、二世や三世の時代となっていたが、それらの人たちは自分たちのルーツがわからず、「私たちはいったい何者？　ハートの半分はニューカレドニアだが、あとの半分はどこなの？」と、自分たちのアイデンティティに悩んでいた。

日本では森村桂の小説『天国にいちばん近い島』や映画でパラダイスのイメージが強いが、一世移民たちのニッケル鉱山労働や、日本のハワイ真珠湾攻撃以後の引き裂かれた家族の歴史は、悲惨そのものであった。日本人の父親はフランス軍に逮捕され、妻子と引き裂かれてオーストラリアに強制送還される。島に残された妻子は、財産を取り上げられ、家を追い出された。戦争が終わり、オーストラリアの収容所を出た日本人捕虜たちは、ニューカレドニアの家族のもとに戻れるかと思いきや、今度は日本に強制送還された。島に残された二世三世たちは父親を失い、アイデンティティも失い、マブイ（魂）は、その後、さ迷い続けていたのである。

そんな島の人たちに、少しでも役に立てればと、私は呼びかけて「沖縄ニューカレドニア友好協会」を立ち上げ、彼らのルーツ探しに積極的にかかわってきた。そして五年に一度、沖縄で開催される「世界のウチナーンチュ大会」への参加を促し、さ迷える「まぶい」に応えてきた。沖縄の街を歩き、沖縄の食事をし、民謡に触れて過ごすうちに、彼らや彼女たちの「まぶい」は、次第に落ち着きを取り戻していくのを肌で感じた。

しかし、ニューカレドニアはアイデンティティに関わる大きな問題に直面している。言うまでもなく、フランスに残留するかそれとも独立するかという問題である。その点に関して二〇二一年の十二月十二日に住民投票が行なわれた。折からのコロナ禍のなかで、独立派は延期をフランス政府に申し入れたが、取り入れられなかった。これに対して独立派が投票をボイコット。このため投票率は四四％にとどまり、独立賛成も三・五％で、残留支持が九六・五％と圧倒した。投票をボイコットした独立派は、その結果を認めていない。

投票は一九九八年に独立派と反対派、フランス政府の間で結んだ「ヌメア協定」に基づくもので、三回目が最後と言われていた。ちなみに二〇一八年の一回が独立賛成四四％、反対五六％、二回目の二〇二〇年は四七対五三とその差が縮小し、三回目の結果が注目されていた。それだけに二〇二一年の投票ボイコットは、今後に課題を残したかたちとなった。

ニューカレドニアの人たちと交流し始めのころ、ある人に「交流協会として独立運動を支援してはどうか」と言われたことがある。そのとき私は「この問題を決めるのは向こうの人たちだ。住民の自決権に関わる大事な問題に、外の私たちがとやかく言うべきではない」と返事したことがある。もしもこの問題に介入すれば、交流はあきらめなければならないだろう。協会はあくまで交流を目的にしてきた。私たちは彼らの自決権の行使を、温かく見守るしかない。どのような結果になろうとも、それは彼らの「自己決定権」なのだ。

二〇一六年の第六回世界のウチナーンチュ大会のときに、こんなことがあった。大会への参加を呼び掛けるため、開催年の春ごろに、打合せを兼ねて沖縄から訪問団が説明に行くのが慣例となっていた。首都ヌメアでの説明会には二、三〇人が参加していた。大会前日の那覇市国際通りで行われるパレードで、先頭の人が持つ参加国の国旗か、それに代わるものを持参してほしいとお願いした。そのときの説明会では「ニューカレドニアの国旗はフランスの国旗だから、それを持っていけばよい」と、フランス系の人が説明して、それ以上議論することもなく、なんとなくそれに落ち着いていた。

ところが、いざ国際通りでパレードが出発する段になって、誰も国旗やそれに代わるものを持参していなかった。そこで私は、お土産にもらっていたニューカレドニアの地図入りのタペストリーを広げて、先頭集団に「これで行こう」と行進を始めた。あとで事情を聴くと、フランスの国旗を掲げて参加すると聞いた北部の沖縄系の青年たちが「その国旗の下なら参加しない」と言い出し、議論を交わしたが結論が出ず、結局、手ぶらでの参加となった、という。

北部州は先住民のカナックの多いところで、沖縄系の人たちの多くがその血を引いている。そんなところにもニューカレドニアの複雑な状況が顔を見せていたが、私の気持ちは国旗などどうでもよい。島は島らしく生きていこう、という気持であった。多民族国家としてのニューカレドニアのむずかしい一面をのぞかせていた。

私が親しくしている沖縄日系人会の初代会長ジャンピエール・ゼンコロ・タマグシュクは、男兄弟が三人いるが、自らのアイデンティティを沖縄系と名乗っているのは彼だけで、すぐ下の弟は先住民のカナックを、三番目の弟はフランス系を自認している。いずれも自らの体験や価値観からルーツを選んでいる。複雑な民族構成や歴史が反映したものだが、それでも彼らは仲良く、それぞれのアイデンティティに誇りをもっている。二〇二二年の十月三十日には、第七回大会が予定されている。

「復帰五〇年」の現実

沖縄の日本復帰から五〇年となる二〇二二年、沖縄はコロナウイルスのオミクロン株の感染爆発で開幕した。その源泉は沖縄本島北部の米軍基地キャンプ・ハンセンに米本国からやって来た海兵隊である。隊員たちは入域検査もなく、マスクなしで自由に基地外の民間地域へも出入りしていた。

まるで基地の自由使用を地で行くかのようである。米軍基地からの感染は、改めて日米地位協定の米軍優先の実態を如実に見せつけた。

いま一つは、自衛隊と米軍が「台湾有事」を想定した新たな日米共同作戦計画の原案を策定し、米海兵隊が南西諸島に臨時の攻撃用軍事拠点を置くことが明らかとなったことだ。

政府が琉球弧の島々で建設を進めていた自衛隊の「南西シフト」で、中国の台湾侵攻作戦による「台湾有事」に、両軍が一体的に対応する作戦計画である。

共同通信の報道（二〇二一年十二月二十四日『琉球新報』、『沖縄タイムス』）によると、「米軍は中台紛争への軍事介入を視野に、対艦攻撃ができる海兵隊の高機動ロケット砲システム『ハイマース』を拠点に配置。自衛隊に輸送や弾薬の提供、燃料補給などの後方支援を担わせ、空母が展開できるよう中国艦艇の排除に当たる。海兵隊は相手の反撃をかわすため、拠点となる島を変えながら攻撃を続ける」という。沖縄の島々が戦場化することを想定したもので、まさに「軍民一体」の沖縄戦の再現である。いまやこの状況は「戦前」であり、去る沖縄戦で本土の防波堤とされた構図とどこが異なるのか。沖縄は再び本土の防波堤となるために「日本復帰」をしたのか。これが「日本復帰五〇年」が突きつける沖縄の現実である。

どんなにすばらしい「憲法」を手にしても、それを活かす政治が機能していなければ、それはただの紙切れである。日本国憲法がその第九条で、「国権の発動たる戦争と、武力による威嚇又は武力の行使は、国際紛争を解決する手段としては、永久にこれを放棄する」とうたっても、まさに「国際紛争を解決する手段」として自衛隊や駐留米軍を使おうとしているのだ。それを行使すれば、沖縄が戦場化することは明らかである。日本復帰五〇年が、沖縄の戦場化への道のスタートの年となるのか。沖縄は自らの生存権を確保しなければならない。そのために必要なあらゆる権利が、担保されなくてはならない。独立する権利も、沖縄の自己決定権中に含まれているのは当然である。最近の『沖縄タイムス』と『琉球新報』の両紙の投書欄に寄せられた二つの投稿（部分）を紹介して、本稿を閉じるとしよう。

与那嶺義雄「沖縄の自己決定権／皇民化　日本同化まず清算」

「復帰運動の理念として語られたのが『祖国日本』と『民族の統一』だ。しかし、果たして琉球・沖縄人にとって日本は『祖国』であり、日本人と『同一民族』と見なし得るだろうか。（中略）復帰運動は、結果として強大な沖縄米軍基地の日米両国の共同管理・共同使用という軍事政策にすっぽりと取り込まれ、現在の軍事要塞化へとつながった。」

『復帰』五〇年の現実は、明らかに日本「復帰」運動の敗北を如実に示している。（中略）復帰運動が米軍に対する琉球・沖縄人の自己決定権の発動だったなら、現在の日米の軍事植民地化に対する新たな自己決定権の戦いは、私たちの意識と行動を呪縛してやまない皇民化と日本同化の清算が出発点にならなければならない。」（西原町、農業、六七、『沖縄タイムス』「論壇」二〇二二年一月十一日）

与那嶺貞子「琉球の独立希求を／先住民族撤回運動」

「政府は、尖閣諸島脅威論を煽り南西諸島に自衛隊の地対艦・地対空ミサイル部隊を強行配備した。

台湾有事になれば『沖縄は最初のミサイルの標的になる』と言及している。日本の国防のために再び犠牲になる。今、私たちは琉球人の歴史的視点から日本国家を相対化し教訓化すべき時機である。（中略）私は琉球・沖縄の未来を考える時、生命と尊厳そして誇りを守るためには、琉球国を樹立した先住民族の権利や国際人権法等を行使して琉球独立を希求することが必要だと思う。」（那覇市、パート、六五、『琉球新報』「論壇」二〇二二年一月十三日）

国家か社会か、そして「困民主義革命」について

――琉球共和国憲法F私（試）案をめぐる覚え書き

上村 忠男

1

仲宗根勇の「琉球共和国憲法F私（試）案・部分」（「前文」と「基本原理」）が川満信一の「琉球共和社会憲法C私（試）案」と並置して提示されている『新沖縄文学』第四八号（一九八一年六月）の特集《琉球共和国へのかけ橋》には、両人のほかに六名の論者が参加して事前におこなわれた「「憲法草案」への視座」と題する匿名座談会の記録が載っている。

出席者の紹介覧には、川満信一については「C（「共和社会憲法」起草者・詩人）」、仲宗根勇については「F（「共和国憲法」起草者・公務員）」とあって、「社会」と「国」にわざわざ傍点が付されている。そして実際にも座談会では「共和国」か「共和社会」かという点をめぐって活発な議論が展開されている。なかでも目を惹くのは、仲宗根が《Cさんのは一言でいえば、無体系の国家体系だな》と述べたのにたいして、川満は《まあ、そういうことになりますね》と答え、さらに仲宗根が《それは思

想上の国家でしょうね。本当に、それこそ幻の国家ですよ》と畳みかけると、川満のほうでは《幻の国家といっても、私は幻にさえ国家を描かなくなっているんだ》とやり返して、一座の笑いを誘っていることである。また、川満が《Fさんの憲法草案では、その先には結局、世界連邦的なマクロ的国家の構造が想定されていくんじゃないか》と述べ、《だから自立とか自治権という場合、「国家」の有り方まで含めてとことんミクロ化していくべきものか、それとも地球人類皆兄弟、一国、というようにマクロ化していくべきものか。その点をどう発想するのか》と問いただしたのにたいして、仲宗根のほうでは、自分のは《いくら降りていっても、ミクロ的なかたちでの権力は残る》という発想だと答えているのも、目を惹く。

2

国家か社会か。この問題についての川満のこだわりようがどれほどまでに強いものであったかは、『新沖縄文学』第四八号での特集《琉球共和国へのかけ橋》が組まれてから二十三年後の二〇一四年六月、彼と仲里効の共編になる論集『琉球共和社会憲法の潜勢力――群島・アジア・越境の思想』が未來社から刊行されたさい、新たに「琉球共和社会憲法私案の経緯――共和国と共和社会はどう違うのか」というエッセイを寄せていることからもうかがえる。

そのエッセイのなかで、川満は『新沖縄文学』第四八号に彼の「琉球共和社会憲法C私（試）

案」と仲宗根勇の「琉球共和国憲法F私（試）案・部分」が並べて掲載された経緯について、事前におこなわれた匿名座談会「「憲法」草案への視座」での議論をも紹介しながら説明している。そして、F私（試）案を《国家がなくては憲法は成り立たない、という法的正鵠論に基づいた案》と規定するとともに、国家を前提とする憲法は統治のための実定的な制度法であるのにたいして、自分のC私（試）案は「国家」ではなくて「社会」が前提になっており、個人が社会参加するための《主体の基本倫理》を定めようとした自然法である点で《ニュアンスの違い》が生じたと述べている。さらには、《私の場合、ものごころついたころから、ときの権力体制が統治のために制定する法に十分に痛めつけられてきた。米軍は沖縄占領統治のために、アメリカ憲法に似せた「大統領行政命令」を施行したが、任意の布令・布告によって、そのアメリカ憲法の精神を逆立ちさせた。それは統治者自身が自らの憲法をせせら笑うようなものでしかなかった。上から創られた、統治のための制度的憲法は、「自然法」の衣装を装いながら、ふところに隠した「実定法」という悪知恵の武器で、どのようにも人間の倫理を断ち切る》とも。これはいかにもC私（試）案の第一条で《われわれ琉球共和社会人民は、歴史的反省と悲願のうえにたって、人類発生史以来の権力集中機能による一切の悪業の根拠を止揚し、ここに国家を廃絶することを高らかに宣言する》と謳いあげた川満らしい述言であるといってよい。

　しかしまた、川満が「国家か社会か」という『新沖縄文学』第四八号の座談会で提起した問題を二〇一四年の時点であえて再提起したのには、いまひとつ別の理由があった。《琉球民族（マイノリティー）を一括りにして、被隷属者と規定し、日本国民という多数者から分離することで、少数民族国家の自決権を確保するという発想》が沖縄の内部からあらためて芽生えつつあったことがそれである。名指しこそされていないが、具体的には、二〇一三年五月十五日に友知政樹（沖縄国際大学）や松島泰勝（龍谷大学）らによって設立された琉球民族独立総合研究学会と、同学会の設立を《画期的なこととしてその活動に期待している》と「うるまネシア」第一六号（二〇一三年八月十五日）に寄せた「「琉球独立」論をめぐる雑感」で表明している新川明のことを指しているものとおもわれる。

「琉球民族独立」という彼らの主張を川満は《現実の情況を打開するための戦略的意味では有効であろう》としながらも、《抵抗のナショナリズムに重点を置きすぎると、国家の問題を十分に考えつくさないで性急なイデオロギーに走る危険がある》と警告する。《「琉球民族独立」の主張は、戦略的プロセスとしては容認されるとしても、それが目的化されたら、結局、琉球民族を基本とする「近代国民国家」の後追いという思想の枠（ナショナリズム）から出られない。それでは私たちの未来構想は後ろ向きのつまらないものにしかならない。仮に「琉球民族独立国」が実現しても、その国家制度を資本主義体制の外部で、桃源郷のように成り立たせることはまず不可能である。世界の資本主義体制が持続するかぎり、琉球内部における階級的矛盾は同じ轍を踏むことにしかならない》。こう川満は指摘するのである。

また新城郁夫（琉球大学）も新沖縄フォーラム『けーし風』第八〇号（二〇一三年十月十日）に寄稿した「備忘録④新川明氏への疑問」のなかで、新川が『情況』二〇一三年一・二月合併号に寄せた「「尖閣」は沖縄に帰属する」という論考の問題設定には戸惑いがあるとうち明けている。《棚上げ論に戻るという正当な理路を踏まえながら、尖閣の帰属性を琉球・沖縄の名において主張するとき、氏の認識は、国家の論理に絡め取られてはいないか。そうした認識のあり方と、アナーキズムに拠りつつ鋭利な反国家論を展開してきた新川氏自身の思想的営為が、いかなる整合性を持つのか、私には理解しがたい》というのだ。ついで新城は、新川が『うるまネシア』第一六号に寄せたさきの論考で《独立論が内在させるナショナリズムの限界を私は否定しない》とことわりながらも、《しかし、いわゆる「独立」運動は、植民地支配下にある人間集団（民族）が、自らの人間的な解放を求める反植民地運動（闘争）、反帝国主義運動（闘争）として取り組まれてきたものであることは、近現代の世界史が示すところであり、その運動（闘争）が第一義的にはそれぞれのナショナリズムに根差していることも歴史的事実である》と述べているのに反論している。《ナショナリズムは、他のナショナリズムへの対抗的依存において自らを構成する点で、「それぞれ」の地域に「根差した」民族的主体では説明のつかない他律性を有している。同時に多くの場合、ナショナリズムは地域からの乖離のなかで生成し、地域を分断する。そして、ナショナリズムによってこそ、民族と領土が多く事後的に創られる》というわけである。

「ナショナリズム」の意義と限界をめぐる新川と川満・新城の論争にかんしては、わたしには後者の言い分のほうに理があるようにおもわれる。新川の指摘する《歴史的事実》に川満のほうでは《スカルノやマルコスら、植民地解放闘争の英雄たちが親族的独裁体制しか作れなかった歴史的事例》を対置していることにも留意しておきたい。

3

話を一九八一年の時点に戻すとして、仲宗根のほうでは、『新沖縄文学』第四八号が出た直後の一九八一年十一月二十日から二日間にわたって那覇市内の自治会館で開かれた《復帰一〇年——沖縄自立の構想を探る》をテーマにしたシンポジウムに参加して、二日目に「琉球共和国の理念と前提」と題する講演をおこなっている。[☆1]

講演のなかでは、仲宗根は「国家か社会か」という川満の二者択一的な問題提起には直接応答することをしていない。そのうえで、琉球共和国とか琉球共和社会とかを構想する場合にも、まずもっては《国家とは何かという前提的理念》を明らかにしておく必要があると述べ、国家は「領土」と「国民」、それに「主権（統治権）」の三つを基本的な構成要素としていることに聴衆の想起をうながしている。仲宗根によると、反国家の国家という概念矛盾のような国家構想を立てる場合ですら事情は同じで、この三つの構成要素を抜きにしては国家について考えることはできないというのだった。

そして、それらのうち「領土」については、『新沖縄文学』第四八号の特集で提出されている二つの憲法草案とも、奄美、沖縄、宮古、八重山を単位として、四州を設けているとしたうえで、F案の注釈《コンメンタール》で触れたように、四州に区分するだけではまったく問題が解決するわけではないとし、

《その各州間はもとより、それぞれの州内においてさえもまた、地域的な確執、内なる差別構造、島民性の違いという問題は、全社会の遺物、遺制として残存すると考えなければならない》と指摘する。《「琉球弧」を形成する島々の内なる差別の構造、差別意識の存在を、どうとらえ解決していくのか。これを抜きにしては、「琉球弧」をもって、琉球共和国ないし共和社会の領土と等置できるはずはない》というわけである。

また、「主権（統治権）」については、《私的所有権・取引の自由を根幹とする資本主義でも、社会主義的所有の制度を基盤とする社会主義でもない、いわゆる沖縄的社会主義像とはいかなるものであるべきなのか》が問題となるとするとともに、その基盤を島々のムラ社会＝村落共同体に求めようとする風潮が広まりつつあることに危惧の念を表明している。沖縄的なムラ社会＝村落共同体の特色としては連帯性と相互扶助ということが挙げられるだろうが、「復帰」後十年を経て、共同体成員間の連帯性と相互扶助の精神は消失し、相互不信と「近代」的な権利主張で特色づけられた共同体の崩壊が確実に進行しているというのだった。☆2

こうして仲宗根は言う。いまや既成既存の社会主義の先例とイデオロギーはすべて破産したという前提に立ったところからの《モデルなき自前の社会主義》としての沖縄的な社会主義を探求することが必要となるのであって、そのような探求の試みが組織的かつ多様になされなければ、沖縄がかりに歴史的偶然によって日本国家から自立するときがあっても、自立後に、沖縄の島々の内なる神々の闘争によって、琉球共和国はたちどころに内部崩壊するであろうことは目に見えていると。そして、そのような内部崩壊を防止するためには、明確な理念をもった指導部、つまり執行委員会が存在するのでなければならないのであって、《平恒次先生流に言えば、琉球教の教祖団をいかに形成するかという問題》が重要となると。

　川満と仲宗根の憲法草案が掲載された『新沖縄文学』第四八号には当時イリノイ大学で教授職に就いていた宮古島出身の経済学者・平恒次が「新しい世界観における琉球共和国」と題する論考を寄せている。[☆3] そこには、《領土に関する限り、琉球共和国は琉球列島（奄美群島を含む）に限定されるけれども、琉球民族の活動範囲は琉球列島に限られることはない。琉球列島を領土とする琉球共和国が現今の国際社会で主権国家として自主性を発揮するためには、琉球列島内外のすべての琉球人を一種の精神共和国として組織し、琉球列島の統治機構と同列の権威を持たしめる必要がある。この精神共同体と領国共和国との二元連立統治機構が、琉球列島内の経済と生活の自立に不可欠なのである》とある。《琉球共和国は、琉球列島を在来型の領土とするけれども、琉球列島外の琉球人社会の統合のために文化的・精神的本部（あるいは本山）という役割をも併せもつ》というのである。《この関係は、ユダヤ教やローマ正教に似た「琉球教」というようなものがあったとすれば、極めて明白に把握されたはずである》とも言い添えられている。そして、《幸いにして本誌に論陣を張る琉球人諸氏はすでに「この「琉球教」の」「教祖団」とも称揚されて良い高い見識と強固な使命感を持って居られる》として、『新沖縄文学』に拠る面々にエールが送られている。《平恒次先生流に言えば、琉球教の教祖団をいかに形成するかという問題》が重要となるという仲宗根の発言は、この平のエールを受けてのものだった。

　もっとも、精神共同体と領国共和国との二元連立統治機構をつくり出す必要があるという平の主張については、仲宗根自身が想起をうながしているように、仲宗根の起草になるF私（試）案の第二条にも《琉球弧を形成する諸島嶼をもって、琉球共和国の可視的領土とし、ニライカナイの地をもって精神的領土とする》とあった。したがって、両者のあいだには、同じく仲宗根も指摘しているように、影響関係ということはありえず、期せずしての発想の一致というほかないだろう。ただ、もしそうだとすれば、その発想には一定の正しさが含まれていると考えられると仲宗根は述べているが、これはどうだろうか。発想に期せずしての一致が認められるからといって、このことは必ずしも発想の正しさを保証することにならないのではないだろうか。しかし、正しいかどうかは別として、発想がじつに魅力的であることについては、わたしも全面的に同意する。また、可視的と不可視的というこの二つの共和国を架橋するには、そのための国家の組織論なり法制度論が問題となるはずであるが、この点について平の論文では明確には説かれていないようだと仲宗根は述べているが、わたしも仲宗根の言うとおりだとおもう。

なお、平のいう「琉球教」確立の必要性をめぐっては川満も一九八五年に『新沖縄文学』編集長として平と対談したなかで話題にしている。そして、川満自身も「琉球共和社会憲法私（試）案」をまとめるとき、自然破壊や予見される核戦争の危機に対応する自分たちの宗教的な原理を立てる必要性を痛感して、仏教でいう万物にたいする慈悲を基本に据えた共同体を構想してみたと述べるとともに、それ以外にもアジアには伝えられてきた深い思想があるのだから、それらの思想からもっと豊かなものを汲み出して普遍的な理念にまで高めあげたものを沖縄でつくりあげていくことが、とりもなおさず、平のいう「琉球教」を確立する作業になるのではないかとおもうと答えている。☆4

4

だが、仲宗根の憲法草案でとりわけわたしの目を惹いたのは、そこに「困民主義革命」という語が登場することである。

《数世紀にわたり中国、日本及び米国の封建的、帝国主義的支配のもとに隷属させられ、搾取と圧迫とに苦しめられてきたわれら琉球共和国の人民は、今回困民主義革命の世界的発展の中に、ついに多年の願望たる独立と自由を獲得する道についた》。

こう前文の①には謳われている。そしてこれには《困民主義とは、今回の琉球共和国成立の動因となった革命の指導的思想。民主主義革命の歴史的任務の終了、それに打ち続いた社会主義革命の官僚制国家資本主義的堕落という歴史的現実を踏まえ、古くはアナルコ＝サンディカリズム、そして社会主義国家連合軍によって圧殺された一九八〇年代ポーランド労働者運動の歴史的痛憤を背負って、人民の参加と自主管理によって、〝無政の郷《コンミューン》〟を樹立しようとする歴史哲学にほかならない》との注釈がほどこされている。

人民の参加と自主管理によって〝無政の郷《コンミューン》〟を樹立しようとする歴史哲学としての「困民主義」！

仲宗根勇は一九四一年沖縄県具志川市に生まれ、地元の前原高校を卒業後、一九六〇年に東京大学文科一類に入学しているというから、わたしと生年が同じで、大学も同期である。また、後日『新沖縄文学』第一四号（一九六九年八月）に掲載された「わが〝日本経験〟——沖縄と私」☆5によると、気がついてみると国会議事堂前の安保反対デモの渦中にいたとのことなので、どこかで一緒にスクラムを組んでいたのかもしれない。わたしは入学早々、東京大学教養学部新聞会に入り、デモがあるときには取材を兼ねて、全学連主流派、反主流派双方のデモに参加していた。さらに、そこで語られている読書経験も、マルクス経済学（主として宇野経済学）を中心にマルクス主義の原典を濫読したとか、そのあとでサルトルと出会って、この思想家のうちに真のマルクス主義の現代的再生を見たようにおもったとか、わたしのそれと重なるところが少なくない。ただ、そのわたしは一九六〇年以降も「革命」の夢を追い求めながら、その過程で現存社会主義だけでなく、マルクスの思想そのものへの幻滅をも味わいつつ、そうしたなかで、第一次世界大戦後のイタリア・トリーノでアントニオ・グラムシら『オルディネ・ヌオーヴォ』誌のグループが展開した工場評議会の運動や、第二次世界大戦後、ユーゴスラヴィアに成立した社会主義政権のもとで実践された、一八七一年のフランスにおけるパリ・コミューンに範をとった労働者自主管理の実験などにかろうじて未来社会への希望を見いだしていたのだったが、☆6仲宗根にはこれらについての表立った言及はない。しかし、「困民主義革命」という言葉への注釈からうかがうかぎり、仲宗根もまたマルクス主義にたいしてわたしと似たような失望を味わったのではないかと推察される。

わたしはその後、そのまま駒場の教養学科に残って、大学院社会学研究科修士課程の国際関係論分科まで進んだのち、一九六八年春、一からの再出発を期して、妻の郷里・北陸の田舎町での自学自習生活に入ったのだったが、[☆7]仲宗根のほうは、『沖縄少数派』の奥付にある著者紹介によると、一九六五年に本郷の法学部を卒業後、沖縄に戻って琉球政府の公務員となったようである。そして一九六九年、『新沖縄文学』初の懸賞論文「私の内なる祖国」に入選。それ以来、公務のかたわら、新聞、雑誌、自治体公報等で評論活動を展開しはじめたとのことである。入選論文「わが〝日本経験〟——沖縄と私」は『新沖縄文学』第一四号（一九六九年八月）に掲載されたのち、仲宗根の二十代後半から三十代後半にかけて書かれた文章をまとめた『沖縄少数派——その思想的遺言』（三一書房、一九八一年）に収録されている。

5

それにしても、「困民主義」ないし「困民主義革命」という語を仲宗根はいったいどこからひねり出したのだろうか。

この言葉は『沖縄少数派』には登場しない。また二〇一四年には同じく仲宗根の『沖縄差別と闘う——悠久の自立を求めて』という本が未來社から出版された。そしてそこにはF私（試）案が全文再掲載されたうえ、これに関連する論考も収録されているが、それらの論考にも「困民主義」ないし「困民主義革命」そのものへの言及は見あたらない。

だが、「困民」といえば、わたしたちにはまっさきに秩父困民党のことが思い浮かぶ。そして秩父困民党については、一九七三年に出た井出孫六の『秩父困民党群像』のなかに、明治十七年（一八八四年）十一月一日、高利貸の冷酷無情な取り立てに耐えかねた秩父の農民たちが一斉に蜂起し、翌二日、郡役所のある大宮郷（現在の秩父市）に繰り出していったとき、治安をあずかる警察官はひそかに髷をおとし官服をぬぎすてて四散し、ここに大宮郷を本営とする「無政の郷《コミューン》」が出現したとある。[☆8] ここから採ってきたのではないだろうか。たぶん仲宗根は井出の本を読んでいたのだろう。

もっとも、「無政の郷」という言葉自体は、井出が多くの教示を得たと述べている井上幸治も一九六八年に出た『秩父事件――自由民権期の農民蜂起』ですでに使っている。しかし、井上本では「コミューン」というルビ振りはなされていない。「無政の郷」にわざわざ「コミューン」とルビを振ったのは、井出の創案になるとみてよいだろう。

それだけではない。井出が「無政の郷」に「コミューン」というルビを振ったとき、明言こそされていないが、一八七一年、普仏戦争敗北後のパリで短期間ではあったが成立した労働者自治政府のことが念頭にあったのではないかと推察される。ひいては、その井出の「無政の郷《コミューン》」には多分にポジティヴな意味合いが込められていた。そして仲宗根が「無政の郷《コンミューン》」を「人民の参加と自主管理」がおこなわれる理想郷と規定するとき、そこにはこの井出の観念と相通じるものがたしかに見てとられる。F私（試）案の前文③には目標として「地球連合政府」の樹立ということが掲げられるとともに、前文⑤で《この憲法は、地球連合政府が樹立され、わが琉球共和国がその連合体に参加する日の前日において自動的に失効する》と述べられているが、その「地球連合政府」について、注釈（一五）には、《土地の歴史、言語、風習など何らかの指標の共通性によって、一体感をもつ単位地域の人びとが、自己権力を無限に下降させ、それをミクロ化していくことによって、それぞれの多数の〝無政の郷《コンミューン》〟を創出してゆけば、〝世界国家〟（前文でいう地球連合政府）それ自体も、過渡性をもつ国家にほかならなくなり、結局、それは廃絶の運命をたどるよりほかないことは、自明のはずである。そして、それこそが、わが共和国のみならず、全人類の究極の理想とするところだと言ってよい》とあることに注意したい。仲宗根にとっては、井出にも増して、人類史全般の「無政」化こそが究極目標なのだった。

これにたいして、井上が「無政の郷」と言うときの「無政」という言葉には、権力論からみた場合の公権力の空白というネガティヴな意味合いしか込められていない。見てみよう。井上の『秩父事件』では、まず一九六八年三月一八日の日付をもつ「まえがき」に《明治一七年一一月、秋晴れがつづき、紅葉のさかりをむかえようとする初旬のことである。／秩父困民党は秩父山塊の渓谷を中心舞台に蜂起し、秩父を「無政の郷」と化し……》とある。そして本文中でも「Ⅴ　武装蜂起」に、十一月二日、「暴徒」が峠を駆けおりて大宮になだれこみ、「公権力」は地を払って、「革命本部」が設置されたとあったのち、《自由党という理想のイメージに忠実になろうとし、そこに主体的な規律も、さらに大きくは町の治安も自分の手で確立しようとする精神は、「無政の郷」においてひとつの光であった》とされている。そのうえで、最終章にあたる「Ⅸ　始末記」の「秩序回復」という小見出しのついた節では《やがて「無政の郷」の公権は回復されていった》と述べられている。[☆9]

さらに井上本の「Ⅳ　困民党の組織と論理」には困民党の面々を指して《秩父事件のサンキュロ

ット諸君》とある。[10] とすると、井上の念頭にあったのは、一八七一年のパリで樹立された労働者自治政府ではなくて、一七八九年から一七九九年にかけてフランスで起きた革命の原動力であるとともに不安定要因でもあった都市の手工業者、小商店主、労働者などの下層市民層の蜂起のことだったのだろうか。

また、井上は秩父事件を《自由民権運動の最後にして最高の形態》ととらえている。[11] これにたいして、井出の場合には、自由民権思想との関連という側面は後景に退いて、負債農民の騒擾という要素が前面に押し出されていることにも注意したい。

6

いまひとつ考えられるのは、沖縄の「祖国復帰」が目前に迫っていた時期に竹中労が唱えた「汎アジアの窮民革命」との関係である。「困民主義革命」という造語は、ひょっとして竹中の「汎アジアの窮民革命」との連想からひねり出されたのではないだろうか。

あるいは見当外れであるかもしれない。それでも、「困民主義革命」についての仲宗根の注釈に出てくる《困民主義革命の世界的発展の中に》という表現には、『闇一族』第三号（一九七二年四月）に掲載された竹中の「沖縄、ニッポンではない――我観・京太郎《チョンダラー》琉球史」の最後の一節、《……俺はユミヌ・チョンダラーだ。琉球の独立を、まぼろしの人民共和国、汎アジアの窮民革命をゆめみる。／政府なき国家を、党派なき議会を、官僚なき行政を、権力の廃絶のための過渡の権力を。／琉球共和国を……、ゆめみる》に出てくる「汎アジアの窮民革命」という言葉を連想させずにはおかないものがあるのである。竹中の文中にある「権力の廃絶のための過渡の権力」としての琉球共和国という規定と、《"世界国家"（前文でいう地球連合政府）それ自体も、過渡性をもつ国家にほかならなくなり、結局、それは廃絶の運命をたどるよりほかない》というF私（試）案の注釈（一五）に出てくる仲宗根の述言との符合性にも注目したい。

もっとも、竹中については、仲宗根は『沖縄少数派』でも『沖縄差別と闘う』でも一言も触れていない。しかし、触れていないからといって、このことはただちに読んでいなかったということを意味するわけではないだろう。また、『闇一族』そのものには目にする機会がなかったとしても、竹中のエッセイ「沖縄、ニッポンではない」は直後の一九七二年夏に三一書房から出た彼の『琉球共和国――汝、花を武器とせよ！』に収録されている。[☆12] 仲宗根は、少なくとも三一書房本のほうは読んでいたのではないだろうか。そして読んでいたとすれば、竹中の主張に少なからず共鳴するところがあったはずである。

ただし、その一方で、気にかかる点もある。竹中は『別冊経済評論』増刊号（一九七二年六月）に彼が以前から注目してきたという新川明が沖縄の施政権の日本への返還が目前に迫った一九七二年四月、金城朝夫（友寄英正）ら沖青同（沖縄青年同盟）の面々とともに中華人民共和国に出かけたことに疑義を呈した「汝、花を武器とせよ……」と題するエッセイを寄せている。そしてこのエッセイも『琉球共和国』に収録されている。[☆13] しかも、見られるように、収録されているだけでなく、同書のサブタイトルにエッセイのタイトルが採用されている。ここからは、竹中が「汝、花を武器とせよ」というモットーをどれほどまでに沖縄の同志たちに宛てたみずからのメッセージとしてふさわしいと考えていたかがうかがえる。

そこで、そのエッセイ「汝、花を武器とせよ……」であるが、新川は一九七一年十一月、それまで彼が展開してきた「反復帰」＝「沖縄の自立」にかんする主張をまとめた『反国家の兇区――沖縄・自立への視点』という本を現代評論社から出したさい、その新著のために書き下ろした文章「〈反国家の兇区〉としての沖縄」で、『沖縄タイムス』の創刊にかかわった彼の先輩ジャーナリストで詩人の牧港篤三が『中央公論』一九七一年九月号の特集《沖縄は主張する》に寄せたエッセイ「断章・沖縄的ニヒリズム」に出てくる《普通の人間（大和人）たちのうかがいしれぬ、花という武器をもった乞食たちの群れが棲んでいる兇区》という一句を引用している。[☆14] 竹中は、新川が『反国家の兇区』でこのように牧港の一句を引用していながら沖青同の訪中団に随行したことを批判して、諫言するのだった。《新川明よ、君はいまこの時点で、金城朝夫たちと中国に行くことと、復帰前後の沖縄世替り、流動する沖縄民衆のニヒリズムを、ジャーナリストとしてしかと見すえることのいずれが重要であるかを、深刻に考えるべきであった。新川の立場に私がいたら、中国へ行くことよりも沖縄にふみとどまって『反国家の兇区』への蓋然性を、世替りの激動を透視することをえらんだであろう》と。

それだけではない。新川は『反国家の兇区』を《沖縄を「反国家の兇区」たらしめつづける思想に、綱領や政策が要るわけはなく、ただ沖縄が日本に対して所有する「文化」の「異質性」に依拠しつつ、みずからの思想の深化をはかることだけで足りるのである》という言葉でもって結んでいる。竹中によると、新川のアキレス腱はまさにこの点にあるのだった。《沖縄の文化、とりわけて歌・三絃と称される音楽が〝大和文化圏〟の外にあることは、「沖縄春歌行」「琉球情歌十二考」等で、私も論考してきたところだ。だが、その〝異族の文化〟を深化させるだけで沖縄を「反国家の兇区」たらしめ得るとするのは、(絵のようなといいたいが)絵にも描けないナンセンスである》。こう竹中は言い放つ。そして川満信一が『映画批評』一九七一年七月号に寄せた論考「沖縄――〈非国民〉の思想」のなかで《わたし(たち)が、たとえば「非国民の思想」というとき、単に沖縄が独自の歴史や文化を持ち、本土との間に異質性を持っているから、異族として非日本国民だという考えに基づいているのではない。そのような単純比較を基盤にしてものをいうのであれば、思想などということはいわない方がよいのである》と述べ、さらに《国家が支配の論理において成り立つものである以上、支配の総体を否定し、拒絶していくための死者的立場からの論理は「非国民」としての自己規定から出発するしかない》のであって、《いうまでもなく現実には、どこまでも国民でしかなく、共同体の分子でしかないが、そうした自己の現実と背理の関係で思想を成りたたせるとき、ラディカルな世界に通底していく可能性をつかめるのだと思う》と述べていることにほぼ全面的に賛同の意を表明している。《彼は私が沖縄で知り得たもっとも良きイデオローグである》というのだった。また、「花」という言葉の沖縄における使い方に触れて、それは「華やいだ」とか「らんまんたる」という意味でなく、「つかの間の・散りゆく・うわべだけの・化粧する・はかない・うつろう」といった虚無感を指しており、《そのニュアンスは新川よりも、川満信一のほうがまぎれもなく踏まえていると私には思える》とも評している。[☆15] 新川と川満という二人の「反復帰」=「反国家」の論客にたいする竹中のこのような受けとめ方を仲宗根はどう見たのだろうか。あるいは見るのだろうか。うかがいたいところである。

ちなみに、川満については、竹中は『話の特集』一九七〇年八—十二月号に連載された「メモ沖縄1970」のうち全日本歌謡選手権の審査のために沖縄に出かけた六月八日に記したというメモのなかでも、同年五月三十日に具志川市内で発生した黒人米兵による女子高生刺傷事件について《それがこの島での例外ではなく、日常茶飯の事件であること》を物語っているものとして、川満が「川瀬信」のペンネームで『新沖縄文学』第一六号（一九七〇年四月）に発表した詩「欲望の眼球」（一九五八年八月作）[☆16]のつぎのような一節を引用している。

虹をまとって街角に現われた少女を追跡していくと
さだかならぬ花々の影で待ち伏せに男が現われ
涙もかわかぬ少女は、初潮の驚きのまま
見も知らぬ異物に突き通されて虹を失う

そして、さらには同じく川瀬信が『新沖縄文学』第一三号（一九六九年二月）に発表した「島Ⅱ」[☆17]でつぎのようにうたっているのにエールを送って、《このまずしく美しい島をガンジガラメに縛り上げている米・日帝国主義統治のメカニズムに、とぎすました怨念の鉤をブチこめ！　詩人よ言魂を信ぜよ！　与那覇《よなぐに》のかの花酒《ばなざき》のごとく、水をも燃やす烈火の詩句を蒸留し、そのほむらもて絞囚の縄を、差別の鉄鎖を灼け!!　ひきちぎれ!!》と煽っている。[☆18]

おまえの運命は　宇宙の意志ではなく
いつも手の届く近さで仕組まれる
……
でももう　おまえの忍従の習慣に馴れるなんて
まっぴらだ
仕組まれたおまえの運命を先まわりして
ぼくはゆめをつくる　壊しつづけるゆめを
あるいは壊すためのゆめを
……
幻の国などどこにもないから
幻の海にでも沈もうよ
そして激しい渦巻になろう
船も鯨も寄せつけぬ竜巻を養おう

7

ところで、竹中は『現代の探検』一九七一年春季号に寄せた「わが革命的探険旅行」で、自分のことをチェ・ゲバラの衣鉢を継ごうとする「世界革命浪人《ゲバリスタ》2号」と称するとともに、1号は《風狂の軍略家、ジェネラル・ドラゴンこと太田竜》であるとしている。[19] じっさいにも太田竜自身、「一九七一年四月十五日」の日付をもつ論考「二十一世紀への大長征のために——チェ・ゲバラ論、もしくは「共和国」建設への23のテーゼ」で、《ゲバラはその死によって、彼の志を受けつぐ盟友、いかなる民族国家にも支配されず、ただ世界ソビエト社会主義共和国にのみ忠誠をつくす盟友を、この地上のすべての地域につくり出した。／私はみずから名乗り出る。私が、いかなる既成の権威・秩序・組織にも屈服せず、いかなる「主人」も持たぬ、一個の「浪人」であることを》と宣言している。[20] そして、「世界革命浪人《ゲバリスタ》」として互いに盟約するための諸条項の説明に入っていくのだが、そのうち、テーゼ17につぎのようにある。

《共和国は、原始共産制社会が崩壊しはじめてから五千年の間になされた、すべての植民地主義的支配、階級支配に対する報復を発動する。共和国は「過去」を復活し、「過去」に発言させる。共和国は、人間を奴隷にしようとしたこの五千年の支配者の時間を、執念深く、丹念に破壊する。そのためにこそ、われわれは「国家」を必要とするのだ。／共和国は、その人民の「大移動」「大長征」を組織する。……共和国人民は、その足で、地球をくまなく歩き、地上の総体をその活動の舞台としなければならない。ただこの道を媒介としてのみ、人は世界ソビエト社会主義共和国の人民と成るのである[☆21]》。

ここからも、仲宗根の「琉球共和国」憲法草案と、今度は太田竜の「世界ソビエト社会主義共和国」構想とのあいだに、密かに通じあうものがあることが見いだされるのではないだろうか。F私(試)案の注釈の最後は《現今の困民主義革命の世界的停滞の最中にあっては、……人類史の〝無政〟化を遂行する過渡的な〝世界国家〟を、ひとまずめざすという二段階無政論を構築する長征の旅への出立を、いま、はじめたばかりだ》という言葉で締め括られていることに注意したい。たぶん一九三四年から三六年にかけて中国の紅軍が国民党軍と交戦しながら一万二五〇〇キロメートルを徒歩で続けた「長征」のことが念頭にあったのだろうが、太田と仲宗根以外に、当時の日本の左翼のなかで自分たちの革命行動を「長征」と名乗った例をわたしは知らない。両者のあいだに確認される符合には、これをたんなる偶然の一致とみて済ますわけにはいかないものがあるようにおもうが、どうだろうか[☆22]。

だが、もしわたしの推測が当たっているとするなら、その場合にはいまひとつ理解に苦しむことがある。『新沖縄文学』第四八号に掲載された川満と仲宗根の憲法草案については、太田は『現代の眼』一九八二年二月号に「復帰十年目に公表された琉球共和国憲法私案を読んで」と題する所感を寄せ、つぎのように書いている。

《C案は、自然の生態系との共存というテーマを憲法草案の中に含めているが、F案はこの点に触れておらず、私の意見はC案に近い。／また、C案は、「万物に対する慈悲の原理」をかかげているのに対して、F案は「労働と愛」（これは、人間の労働、人間同士の愛、という風に解釈され得る）を憲法の基礎としており、F案には人間中心主義的狭さが感じられる。／F案の原理とされている「困民主義革命」は、熟したことばではないので、ややとまどいを感ずるが、推察するところ、第三世界の窮民による革命、というようなニュアンスを持っているようである。／他方、琉球の民族独立と、人類次元の統一との関係については、C案は触れておらず、F案はこれを基本テーマの一つとしている。この点について、私はF案を評価する。ただし、F案は地球連合政府と民族自治の関係を規定しておらず、このため人類政府、地球連合政府の根拠が不明確なままになっている》[☆23]。

この太田の所感に仲宗根は同じく『現代の眼』に一九八二年四月号から九月号にかけて連載された「沖縄少数派通信」の第一回目の通信で応答している。応答はしているが、応答しているのは太田の所感の最後の部分、中野好夫が『新沖縄文学』第四八号に寄せた一文「ビヴァ・小国寡民」で《かつて米軍統治下の沖縄において、いわゆるあの祖国復帰運動なるものの盛り上りを知り、わたしも微力ながら多少のお手伝いをしたつもり。だが、今にしてその結果を反省すると、悔いとはいわぬまでも、実に苦渋にみちた後味がのこる。果たしてあれでよかったのかという一事である。……いまやわが沖縄同胞諸君も、そろそろもう本土に対する祖国観を腰を据えて考え直す、いわば清算の時期に来ているのではなかろうか》と述べているのを引いて、《「果たしてあれでよかったのか」、私たちはいまあらためて、このことを深く問い直すべき時期に来ているのである》と結んでいる部分についてである。仲宗根はこの部分をとらえて、《太田氏も中野氏ともども、「果たしてあれでよかったのか」と書かれていますが、いまごろになって、よくもそんなことがシャアシャアと言えたものだと思います。小生らは、すでに「それではいけない」ということを十数年前から言ってきたのです》とやり返し、彼が『新沖縄文学』第一八号（一九七〇年）に発表した論考「沖縄の遺書――復帰運動の終焉」[☆24]を参照するよう求めているのである。

その一方で、F私（試）案についての太田の論評そのものにかんしては、なぜか口を噤んでいっさい発言していない。わたしのみるかぎり、F私（試）案の核心部分を的確にとらえた論評でないかとおもわれるにもかかわらずである。なぜ発言していないのか、理解に苦しむ。そして沈黙の背後になにかあったのではないかと怪しまざるをえない。

なお、《F案の原理とされている「困民主義革命」は、熟したことばではないので、ややとまどいを感ずるが、推察するところ、第三世界の窮民による革命、というようなニュアンスを持っているようである》という太田の評言についてであるが、太田自身は、一九七二年七月二十八日の「赤軍派同志諸君への檄」で《「窮民革命」という路線は、建国・建軍・建党という私のゲバリスタ路線とは、まったく別のものである》と言明している。[☆25]一九七一年春の時点で竹中ならびにいまひとりのゲバリスタ・平岡正明と協同で『水滸伝』というタイトルで「窮民革命のための序説」を書く予定を立てながら、一九七二年五月の富山での三人揃っての講演旅行を最後に二人と訣別し、プロジェクトから降りるにいたった直後の言明である。留意しておきたい。[☆26]

最後にもう一点、仲宗根に確認したいことがある。一九七四年八月から一九七五年四月にかけて一連の「日帝」中枢企業爆破闘争を展開した東アジア反日武装戦線〝狼〟〝大地の牙〟〝さそり〟三部隊の思想と行動についてである。管見のかぎりではあるが、仲宗根の書いたもののなかには東アジア反日武装戦線への言及は見あたらない。しかし、一九七五年六月二十五日、皇太子夫妻訪沖に抗議して米軍嘉手納基地前で焼身自殺した釜ヶ崎共闘会議幹部・船本洲治がその前日にしたためた「世界反革命勢力の後方を世界革命戦争の前線へ転化せよ」と頭書された檄文のなかで、《東アジア反日武装戦線の戦士諸君！ 諸君の闘争こそが東アジアの明日を動かすことを広範な人民大衆に教えた。この闘争は未だ端緒であり、諸君たちは部分的に敗北しただけである。私は、諸君と共に、生き続けたいために死ぬのである》というメッセージを〝さそり〟部隊の黒川芳正らに書き残していたことは知っているのではないだろうか。その東アジア反日武装戦線の思想と行動を仲宗根はどう考えるのだろうか。うかがってみたいものである。わたし自身の見解については『季刊 未来』二〇一九年春号の「独学の思想6 〝狼〟のオトシマエ」を見ていただきたい。

☆1 この講演の記録は新崎盛暉・川満信一・比嘉良彦・原田誠司編『沖縄自立への挑戦』（社会思想社、一九八二年）、一五二―一六七頁に掲載された。そしてその後、仲宗根勇『沖縄差別と闘う――悠久の自立を求めて』（未來社、二〇一四年）、九三―一〇七頁に再録された。

☆2 ちなみに、仲宗根は沖縄的な社会主義の基盤を島々のムラ社会＝村落共同体に求めうるとする論客の一人に川満の名を挙げている。たぶん、川満信一『沖縄・根からの問い――共生への渇望』（泰流社、一九七八年）に収録されている諸論文――「民衆論――アジア的共生志向の模索」『中央公論』一九七二年六月号、「宮古論・島共同体の正と負――共生志向の模索」『青い海』一九七五年十月号等――が念頭におかれていたのだろう。しかし、それらの論考における川満の議論は、それ自体、沖縄の島々の村落共同体が「復帰」後の資本の殴り込みのまえで急激な変貌を遂げつつあることをしかと凝視したうえでのものであることを見落としてはならないだろう。この点については、川満は、《復帰一〇年――沖縄自立の構想を探る》をテーマにした一九八一年十一月のシンポジウムでも、自分はけっして沖縄のシマ共同体を仲宗根の言うように「美化」しているわけではないとして、発言の訂正を求めている。川満信一「琉球共和社会の構想」、前掲『沖縄自立への挑戦』一六八―一七七頁参照。

☆3 平恒次「新しい世界観における琉球共和国」『新沖縄文学』第四八号（一九八一年六月）、二―一二頁。

☆4 この対談の記録は「近代国家終えんへの道標」と題して『新沖縄文学』第六五号（一九八五年八月）に掲載されたのち、川満信一対談集『ザ・クロス 21世紀への予感』（沖縄タイムス社、一九八八年）、二七―四六頁に収録された。そして川満信一・仲里効編『琉球共和社会憲法の潜勢力――群島・アジア・越境の思想』（未來社、二〇一四年）、四五―六七頁にも再録されている。

☆5 仲宗根勇『沖縄少数派――その思想的遺言』（三一書房、一九八一年）、二一―三四頁所収。

☆6 上村忠男『回想の1960年代』（ぷねうま舎、二〇一五年）参照。

☆7 この間の経緯についても、同前書の最終章を見られたい。また『季刊 未来』第五九〇号（二〇一八年冬号）から連載を始めた「独学の思想」の第一回目の論考「フッサール『危機』書からの再出発」も参照のこと。

☆8 井出孫六『秩父困民党群像』（新人物往来社、一九七三年）、七頁。一五〇頁も見られたい。

☆9 井上幸治『秩父事件――自由民権期の農民蜂起』（中公新書、一九六八年）、i、一一七、一八五頁。

☆10 同前、九〇頁。

☆11 同前、iii頁。七六―七七頁も参照のこと――《明治一三年の自由党結成盟約四ヶ条は、人民の自由と権利の伸張、国の進歩と人民の幸福をうたったが、この政治的自由民権の概念はいま農民の口で語られ、板垣の世直し＝政治的変革の原理となっている。天下の政治を改革し、人民を自由ならしめるという変革意識が、高利貸征伐という具体的行動に結合した点に、秩父事件はやはり自由民権運動の発展の線上にあることを再確認しなければならない》。

☆12 竹中労『琉球共和国――汝、花を武器とせよ！』（三一書房、一九七二年）、四―三〇頁。

☆13 同前、三七六―三九〇頁。

☆14 新川明『反国家の兇区──沖縄・自立への視点』（現代評論社、一九七一年）、三二七頁。

☆15 川満の論考「沖縄──〈非国民〉の思想」はその後、川満信一『沖縄・自立と共生の思想──「未来の縄文」へ架ける橋』（海風社、一九八七年）、一五七─一八〇頁に収録されている。

☆16 その後、『川満信一詩集 一九五三─一九七二年』（オリジナル企画、一九七七年）、一三〇─一三八頁に「コザの夜」と改題のうえ、字句も一部改めて収録。引用した「さだかならぬ花々の影で待ち伏せに現われ」のくだりは「さだかならぬ花影に待ち伏せた男の腕が鍵状に曲がるとみるや」と改められ、「突き通されて」も「突きとおされて」に訂正されている。

☆17 同じく、その後、字句を一部改訂のうえ『川満信一詩集』、一六六─一六九頁に収録。一九六八年十一月の琉球政府主席選挙から、一九六九年の二・四全島ゼネストが日本政府、米軍政府、総評や同盟、なによりも屋良主席などからの圧力に屈して流産することも意識されている。

☆18 竹中、前掲『琉球共和国』、一三六─一四六頁参照。

☆19 同前、三五頁。

☆20 太田竜『辺境最深部に向って退却せよ！』（三一書房、一九七一年）、一六九─一七〇頁。

☆21 同前、一八二─一八三頁。

☆22 ちなみに、太田は《琉球諸島の老若男女同胞》に宛てた「一九七一年九月十五日」の日付をもつ「「琉球共和国」独立の檄」で、《私は、世界革命浪人《ゲバリスタ》として、すなわち、地上百二十余の民族国家のすべてを滅亡させることを志向する、世界ソビエト社会主義共和国の人民として、「琉球共和国」の独立を、いま宣言する》と述べ、さらに《私は、「世界革命戦争の準備のために辺境に向って退却する」。／私は、日本民族を滅ぼすために、南方へ、琉球列島に退却する》と述べたあと、《だが、琉球共和国の同胞よ》と言葉を接いで、《私にとって、琉球は「辺境」の極点ではない。琉球は、私、世界革命浪人にとって、絶対的価値ではない。あなた方の住む琉球の南方、南東方に、ミクロネシア、ポリネシア、メラネシア、すなわち南洋諸島が位置している。私は、あなた方の生きる列島から、さらに「辺境」に向って、南洋諸島の同胞に向って、退却したい》と語っている。太田竜『世界革命への道』（新泉社、一九七八年）、二二三─二四〇頁を見られたい。

☆23　太田竜「復帰十年目に公表された琉球共和国憲法私案を読んで」『現代の眼』一九八二年二月号、二六二頁。太田は、さらに同年二月二十五日の「琉球弧独立と地球人類自治連合」と銘打った手記のなかで《この沖縄からの提起は今日の日本における最大級の思想問題の一つであり、多様な視点からくり返し、徹底的に論じなければならない問題である》としたうえで、とりわけ《地球人類規模の共同体の形成》と《琉球弧独立》の関係について私見を述べている。また同年六月三十日の「沖縄民族独立運動への新たな出発に当って」と銘打った手記のなかでは、二つの憲法草案の提示している構想に《基本的に同意できるし、ほとんど妥当なものと評価できる》としている。二つの手記は太田竜『琉球弧独立と万類共存』(新泉社、一九八三年)の五六―七一頁と一〇三―一二一頁に収録されている。

☆24　仲宗根、前掲『沖縄少数派』、六三―八一頁所収。

☆25　太田、前掲『世界革命への道』、五八―九一頁所収。

☆26　プロジェクトから太田が脱けた経緯については、竹中労・平岡正明『「水滸伝」――窮民革命のための序説』(三一書房、一九七三年)の平岡による「蓋をあける前に」と題された「まえがき」と竹中による「あとがき」に説明がある。かたや、太田のほうでは『現代の眼』一九七二年十二月号で二人への訣別状を発表しており、さらに『東洋大学新聞』一九七二年十二月十五日号に寄せた一文では《極右翼日本民族主義のイヌ、竹中労、平岡正明を撃滅せよ》とアジっている。

日常の軍事化に抗う——反復帰論を手がかりに

田仲　康博

米軍がらみの事件や事故など珍しくもない沖縄だが、いまだに占領軍気取りの彼らはときおり県民の神経を逆なでするようなことをやってのける。ことしの三月二二日、米軍のヘリ二機が名護湾で訓練をしたというニュースは沖縄ではそれなりの扱いを受けたが、全国レベルではまたしても黙殺された。(『琉球新報』二〇二二年三月二三日)火器を使用しない通常訓練ということで注目を集めなかったのだと情状酌量の余地を与えてもよいが、それよりも現在の中央メディアには周縁部で日々起きていることの重大さを認識できる能力も意思もないと考えるべきだろう。

本章では、「日常の軍事化」をキーワードに沖縄の戦後史を考えてみたい。沖縄をめぐる問題が話題になるとき、誰もが基地がらみの事件や事故といった非日常的な出来事に注目し、関心を寄せる。しかし、沖縄で暮らしていると日々の生活空間そのものが軍隊の存在によって圧迫されていることを、それこそ身をもって知ることになる。今回のような訓練はもちろんのこと、騒音や公害や悪臭など、生活のあらゆる場面で感じる軍隊の気配は精神的なストレスとなってあらわれる。日常と非日常を切り分けて考える贅沢は、少なくとも沖縄においては許されていない。軍隊が身近にいる以上、沖縄と世界の紛争地帯は同じ地平でつながっている。こうした事態は、いつ、いかなる状況において生み出され、なぜそれが改善されないままいまに至っているのか。「復帰五〇年」の成果を言祝ぐ政府首脳の言葉とは裏腹に、復帰後も「基地の島」の状況はそれほど変わってはいない。それでは、そもそも復帰とはいったいなんであったのか、その後なにが変わり、なにが変わらなかったのかという問題も本章の視野に入っている。

「復帰五〇年」の語り

先日の名護湾での出来事には、いくつかの点で注目すべきことがある。今回の訓練に先立って市への事前通告はなかった。そもそもこの海域は日米地位協定に明記された米軍への提供区域でもない。場所は名護の市街地のすぐ前に広がる名護湾で、刺し網が設置されている漁場であり、平日の午後五時前という時間帯とあって海岸沿いの県道はそれなりに混んでいたはずだ。住民の生活空間で通告もなしに行なわれた米軍の訓練だったわけだが、例によって沖縄防衛局の対応は誠意の感じられないものだった。二六日の『琉球新報』社説によると、取材に対する防衛局の回答は、「仮に米軍機によるものであれば、引き続きわが国の公共の安全性に妥当な配慮を払い、日米合同委員会合意を順守するとともに、地域に与える影響を最小限にとどめるよう申し入れた」という例によって例のごとく判を押したようなものだった。ちなみにここでいう日米合同委員会の「合意」とは、米軍機の飛行については国際民間航空機関や日本の航空法上の規定による最低安全高度を守るべきだと定めた部分を指す。合意を反故にした米軍には今回も反省の色はなく、防衛局の方にもそれに抗議する意思があるとは思えない。こうした茶番は復帰以降ずっとくり返されてきた。これまでの例を思いおこしてみても、防衛局に住民の意思を代弁する意思があるわけもなく、当然のことながら県や地元メディアの抗議が米軍側にちゃんと届いているとは思えない。

つまり、日本政府の欺瞞や否認が日常化するなかで、県民の異議申し立ての声が一方通行のまま雲散霧消する状態が続いてきたのが、政府や政権与党が言祝ぐ「復帰五〇年」の実態なのだ。三月一三日に開催された自民党大会において岸田首相や茂木幹事長らは、「新たな沖縄振興策の推進」を重点目標として掲げた。辺野古の新基地建設が民意を無視して進められていることには触れず、ここ五〇年の成果のみをことさらに強調する政権の姿勢は、沖縄側から見ていると虚しく映る。しかも党大会の会場では、余興に空手の金メダリストや沖縄出身の歌手を登場させることで「沖縄色」を前面に出す演出がされたらしい。(『琉球新報』二〇二二年三月一六日)この記事を読んで鼻白む気持ちにさせられたのは、二〇〇〇年サミットの際に各国の要人を歓迎するために準備された「沖縄色」あふれる演出の数々を思い出したからだ。それはまさにコロニアル的な文化の収奪で、エンタテイメントの場面でのみ登場することを許された沖縄の人々の姿はいまでも痛みを伴うことなしに思い浮かべることはできない。なかでも、晩餐会でサミットの「イメージソング」を披露した安室奈美恵の登場にいたっては苦笑を通りこしてほとんど目眩すら覚えたものだ。と言うのも、彼女は天皇即位一〇年を記念する式典で君が代を歌わなかった「A」として森喜朗に名指しされ、沖縄の「偏向教育」批判の口実にも使われた当の本人だったからだ。ちなみにイメージソングとして使われたのは安室のヒット曲である「ネバーエンド」で、洒落もここまでくると誰かの強い意図を感じてしまうが、沖縄がおかれている状況を考え合わせると、それはまるで日米同盟の未来を謳いあげているかのように聞こえたものだ。その姿に、沖縄社会をしばる日米共同の意思、そう言ってよければ、沖縄の占領状態を継続させせんとする国家意思を重ねてみたとしても、あながち間違いではないだろう。（サミットやそれを取りまく文化的状況について詳しくは田仲康博『風景の裂け目――沖縄、占領の今』せりか書房、二〇一〇年、とくに第五章を参照のこと。）

「復帰五〇年」をめぐる語りの多くには特徴的なことがある。当の復帰を迂回することで、その後の五〇年のみに触れる報道や発言の多いことには辟易させられるが、それを単なる無知と決めつけてしまっては問題の根深さが見えなくなってしまう。ここには歴史化と非歴史化が同時進行する語り（騙り）の特徴が出ていると思えるので、少し詳しくみていくことにしよう。歴史の一面のみを強調することで復帰以降の〈物語〉をでっち上げる手合いはこれまでもいたし、これからも出てくるだろう。先に触れた自民党大会で政権幹部がみせた歴史語りがその典型的なものだが、主要メディアの報道にも大差はない。沖縄が抱える問題に触れる際に、わざわざ冒頭に「インフラの整備や経済的な発展はありましたが――」とまるで枕詞のように置く報道のやり方は、事実を述べているようにみえて、実際にはある特定の事実認識、より正確には事実誤認が含まれている。それでは沖縄は基地あるがゆえに恩恵も受けているという理屈を踏襲するもので、沖縄に同情するような身振りを見せながらも、実際には政府の立場をなぞっているだけだ。そこから、金をもらっているのになにを贅沢なことを言うのだという恫喝まで、ほんの数歩の距離しかない。事実、ネット空間はすでに沖縄に対する無知・偏見・差別の類であふれている。

沖縄側から見ると、事実はまったく異なる様相を見せる。基地と振興策を等式の両側においてバランスをとるような発想法自体が罠であることを、沖縄の人々は経験から学び取ってきた。基地の見返りという言い方も、実は振興策の説明として正確なものではない。振興策がもたらす金が、基地被害の代替物になるとする考え方は、論理的に倒錯しているのみならず、倫理的にも間違っている。どう言い繕っても結局のところ殺人を目的とする軍隊を島に置くことは、自ら加害者にもなりうる可能性を引き受けることになる。沖縄では広く共有されている認識だが、基地の島・沖縄の住民は殺す側の同類と見なされたことがある。米軍機による北爆に苦しめられたベトナムの人々が、B—29の前線基地である沖縄を「悪魔の島」と呼んでいたことはいまではよく知られた事実だ。自分たちの生活圏に軍隊を置くことは、軍隊という存在につきまとう罪を引き受けることを沖縄の人々は身をもって学んできた。したがって、政府から振興策を引き出すために基地を引き受けていると、県外の人に思われている（可能性がある）ことは屈辱として感知される。仕方がない、などとは言っていないし、言うわけにはいかないのだ。基地がないと沖縄の経済が成り立たないと思う人が沖縄にも一定程度いることは事実だ。しかし、彼女／彼らを責めるよりも、そう思わざるを得ないところにまで追い込んでいる歴史的要因や社会構造こそが問題にされるべきだ。近世にまでさかのぼる本土と沖縄の関係が現在の状況に影を落としている。現在のみを切り取っているからこそ可能になる不用意な発言、たとえば「沖縄は大変ですね、頑張ってください」といった類の非歴史的な発言は、基地が集中しているという事実に加えて、自分たちはどうやら孤立していると認識せざるを得ないという点で、沖縄を二重の意味で苦しめていることに中央のメディアもそろそろ気がついてもよいころだ。無知で塗り固めた善意は、実際には事態の根本的原因から視聴者の目をそらすことに一役かっているだけなのだ。

ここで再び名護湾での出来事に戻ろう。人々の生活空間に突然、前触れもなしに飛び込んでくる軍隊の横暴。なぜ、こういうことが許されてしまうのかという素朴な疑問について考えてみたい。そもそもそれは、一方で米軍が合意事項を遵守しなかった、他方で日本政府はそれを守らせることができなかったという単純な理由に起因するものではなさそうだ。ことあるごとに「綱紀粛正」を申し入れる沖縄防衛局、それを受けてルール遵守の徹底を約束する米軍。そんな猿芝居をずっと見せつけられてきた沖縄の側からすると、ことは米軍のマナーの問題ではないことが一目瞭然で、だからこそ日米地位協定そのものの改定を求めてきたわけだ。しかし、その願いはことごとく米軍によって無視されてきた。発想の根本的な転換が必要なのかもしれない。実は当の合意、そして地位協定自体が米軍の活動を無制限に担保するためのものだと考えるほうが実情に即しているのではないのか。つまり、個々の軍人・軍属の行動が問題なのではなく、彼らにそう行動しても大丈夫だと思わせるような仕組みがあるのではないのか。米軍による事件や事故はもはや沖縄では日常的な出来事と化している。沖縄においては、日常こそが問題なのだ。とすればやはり、戦後の日米関係のスタート地点にまでさかのぼって考える必要がありそうだ。

周知の通り、沖縄はサンフランシスコ講和条約第三条によって国境の外にはじき出され、憲法の〈外部〉に置かれることになった。この間の事情に詳しい古関彰一・豊下楢彦によると、一九六五年九月七日、当時の佐藤政権は「沖縄の法的地位に関する政府統一見解」をまとめている。その二項は「日本国憲法の沖縄における適用」について触れており、沖縄の「施政権は、平和条約により米国が行使しているので、憲法の適用はない」との政府見解が示された。沖縄は憲法の及ばぬ地域であることを政府が公式に認めたわけだ。さらに、沖縄においては、軍事的必要性が最優先されることで、「戦時国際法も世界人権宣言も国連憲章さえも遵守されない事態が日常化していた」と古関・豊下は述べている。[☆1]「していた」と過去形で言い切っていいものかどうかは議論が分かれるところだろう。沖縄に住む者の皮膚感覚としてはその状況が現在も継続していると考えたほうがしっくりくる。先に述べた名護湾での訓練は、そうした歴史的経緯を踏まえて検証する必要がある。

あの日の名護湾において市民の日常が侵されたと考えるのではなく、そもそも沖縄には日常と呼べるほどのものが存在しているのかというふうに発想を転換する必要があるとわたしは考えている。ここで再確認しておきたいことは、そもそも講和条約（日本政府は「平和条約」という名称を好むがそれは欺瞞である）の第三条そのものが、沖縄を憲法の〈外部〉に置くことで米軍の自由使用を可能にするというアクロバティックで巧妙な方便であったということだ。沖縄の占領を無期限に延長することは国際法上の根拠を欠くもので、基地の維持はアメリカにとって綱渡りのようなものだったはずだ。日本政府がそこを突けば、沖縄返還はもっと早くに実現されていたことだろう。しかし、歴代の政権には沖縄の占領を継続させるという発想しかなく、沖縄の人々の存在が彼らの視野に入ることはなかった。こう言い切っても良いだろう。日本政府にとって、そもそも人権や生存権を守る憲法が邪魔だったのだと。米軍の占領ゆえに憲法の効力が及ばなかったのではなく、米軍の活動を保障するために、あらかじめ憲法の及ばない地域を作り出したのだと言い換えてもよい。日米両政府によって巧妙に仕組まれた占領体制は、こうして沖縄の人々から日常を奪いとっていった。

軍事化される日常

本稿のテーマに即して問題を捉え直してみよう。わたしたちのここでの興味は、憲法の上部に位置する講和条約や安保条約が生み出した戦後沖縄の社会空間は、復帰によってどう変わったのか、あるいは変わらなかったのかということにある。歴史に目を向けない「復帰五〇年」の語りからそっくり抜け落ちているのが、沖縄の戦後史を踏まえた議論であることを改めて強調しておきたい。そのためにも、沖縄を憲法の〈外部〉に置くためのもうひとつの仕組みである日米地位協定についても見ておこう。実は、地位協定のほうが沖縄にとって講和条約や安保条約よりも重要な役割をはたしているとする見解がある。前泊博盛は日米両国の関係を「属国・宗主国」のそれとして位置付け、それが外交圧力によるものではなく、法的取り決めによって生まれたものであると喝破する。☆2

これは重要な指摘だ。つまり、占領者たる米軍の傍若無人さとそれを制御することができない、あるいは制御する気があるとも思えない日本政府の無能さは、そのときどきの両国の力関係に影響されるものではなく、戦後の初期段階ですでに日米関係の構造に組み込まれていたことになるからだ。さらに重要なことは、この取り決めの中心に日米地位協定があるという事実だ。事件や事故があるたびに沖縄県は地位協定の「見直し」を要求し、沖縄防衛局・米軍側は「運用改善」で応えるということが繰り返されているが、それはしかし茶番にすぎない。存在そのものが元凶である地位協定の運用についていくら問いただしてみても、問題の根本的な解決にはならないことが、あらかじめ構造的に約束されているようなものだからだ。

日米地位協定の前身である日米行政協定は、サンフランシスコ講和条約や日米安保条約と同じ日、一九五二年四月二八日に発効された。前泊は、これらの条約の締結当時に外務次官であった寺崎太郎の言葉を引いている。時系列でいうと講和条約、安保条約、そして行政協定の順で調印されたが、寺崎によるとその重要性は真逆で「行政協定のための安保条約、安保条約のための平和条約でしかなかった」ということなのだ。つまりアメリカ側の本来の目的は、行政協定（のちの地位協定）の締結にあったということだ。それはのちのち日本・沖縄にとって重要な意味をもつことになる。前泊によると、安保条約の目的は「日本全土を潜在的基地とすること」であり、そこには米軍の活動についての具体的な規定がない。沖縄で起こる米軍がらみの事件や事故を対岸の火事として傍観している県外の人にとっては驚くべきことなのかもしれないが、行政協定にも基地使用の場所や期間についての具体的な取り決めはない。あるのは、米軍が必要だと認めれば、日本政府は基地使用を許可するという取り決めだけで、しかも決定権はあくまでも米軍の側にある。行政協定はさらにその第三条1項で「合衆国は、基地内において、それらの設定、使用、運営、防衛または管理のため必要なまたは適当な権利、権力および権能を有する」と明記している。[☆3] 行政協定は地位協定と名称を変えて、いまも駐留米軍の行動を規定している。つい「規定している」と書いてしまったが、当初から米軍は自由裁量によって思い通りの活動ができると決められているわけだから、そもそも協定に米軍の活動範囲や期間を規定する役割を期待できるわけもない。

これほどの特権を米軍に認めるにあたって、日本政府には国民の目をそらす必要があったはずだ。山本章子によると、その改定にあたって日本政府は「占領の残滓を払拭するため」、「日本政府に決定権がある印象」を改定案に盛り込むことを提案したが、それは米軍側の抵抗にあって実現しなかった。山本は、当時の外務省が「日米協定合意議事録」の作成を米軍側に持ちかけていたことを重要視する。彼女によると、外務省の官僚たちは、非公表を旨とする議事録があれば、国民の目に触れることなく、行政協定に明記されていた米軍の地位と特権を温存することができると考えた。こうして合意議事録は、米軍基地の運用が日米の「合意」に基づくかのように見せかける役割を担う。そして、その一方で実際には米軍の排他的かつ自由運用を担保する仕組みを作り上げることに貢献したとする山本の指摘は重要なもので、沖縄の現状を考える上で示唆に富む。[☆4] 「合意」があったと見せかけるために存在する合意議事録。外務官僚たちによる巧妙なカラクリは、いまに至るまで沖縄の運命を決定づけているわけだ。このことは、復帰五〇年を考えるためには、そこに至るまでに何があったのかを押さえておくことが決定的に重要であることを、逆説的に教えてくれている。彼らが苦心した国民の目に届かない仕組み作りということが重要で、日米同盟はわたしたちが思う以上に、わたしたちの生活に影響を及ぼしている。わたしたちの生活空間、日常こそが問題なのだ。

いつの頃からか沖縄の米軍基地では星条旗と日章旗を並べて掲げるようになった。フェンスの向こうに広がる「占領地帯」に掲げられた星条旗と日の丸のツーショット。それは、さりげなく沖縄の風景に溶け込むふうを装ってはいるが、そこにこれまで見てきたような法制度上のカラクリを重ね合わせてみると、たんなる表象と片づけるわけにはいかなさそうだ。

幻視された「祖国」

戦後のかなり早い段階で出来上がった対米従属の構造の矛盾は沖縄に集中して現われることになった。憲法や国内法の効力が及ばない沖縄にとっては、住民の権利が剥奪され、異議申し立ての声が圧殺される長い占領時代の幕開けである。米軍による統治に対抗するための組織化もわりと早い時期にスタートしている。一九五一年には人民党や社会大衆党が中心になった「日本復帰促進期成会」や社大党が中心になった「日本復帰促進青年同志会」が結成されている。翌一九五二年二月には沖縄教職員会が発足した。その年の五月には初の沖縄教職員大会が開催され、決議事項の第四項には「日本復帰を促進する」と明記されている。復帰運動で主導的役割を果たすことになる組織や団体がこの時期に登場しているわけだが、一般の住民にとっては教員たちがとくに目を引く存在であり、子どもたちにとってはなおさらそうだった。

学校現場では教師たちによって「標準語励行運動」が進められたが、方言札最後の世代であるわたしにはいまでも強く記憶に残る出来事があった。小学校に入学して間もないある日、担任の教師が教室の後ろの黒板に針金を渡し、洗濯物のかたちに切り抜いた色紙を吊るし始めたのだ。その日から、生徒が「方言」を使うたびに本人の名前と使った言葉が洗濯物に書き込まれ、吊るされるということが慣例となった。それはあとになって考えると、日本の旧植民地で使用されていた「方言札」の応用だった。教職委員会長として復帰運動を牽引し、一九六八年に公選行政主席、一九七二年には復帰後初の県知事となった屋良朝苗には、台北の師範学校で教鞭についていた経歴がある。植民地帰りの教員たちが、沖縄に植民地教育のテクノロジーを持ち帰っていたとしても不思議はない。わたしの担任に海外経験はなかったが、彼女の奇抜なアイディアが彼女独自のものだったのか、あるいは教員同士のつながりから得られたものなのか、すでに本人が鬼籍に入っているので確かめようはないが、沖縄にはかつて宗主国の一員としてアジアとつながっていた歴史があることはもっと議論する必要があるだろう。いずれにしろ、彼女の「方言札」によって、わたしたちの言葉は矯正への第一歩を踏み出した。他にも頻繁に「標準語励行週間」があり、集落では「標準語励行運動」のポスターを見ることもあった。自分がふだん使っている言葉が誤ったもの、矯正されるべきものであることを子どもたちはかなり早い段階で刷り込まれていたことになる。

話し言葉の矯正に加えて、書き言葉も矯正・鍛錬の対象となった。ありとあらゆる機会をとらえて作文が子どもたちの課題に加えられた。週番に課せられた毎日の活動記録（日誌）、夏休みの絵日記などに加えて、読書感想文コンクールや新聞社（沖縄タイムス）主催の作文コンクールへ応募することを踏まえての作文の時間が設定され、暗にクラスメート同士の競争が奨励されていた。優秀だと教師が判断すれば子どもの作文は学校側からコンクールの主催者に送られるので、新聞に名前が載るまで本人は知らないことも多かった。さらに学級対抗や地域の学校対抗の童話大会やお話大会なども頻繁に開かれていた。後者の場合、まず話を創作する必要があるから作文教育としての役割も果たしていたのだろう。作文に注がれた子どもたちのエネルギーの大半は実を結ぶことなく消えていったが、わたしが小学校三年生のときに書いた作文は活字となって残っている。復帰運動を担った教師たちの視線がどこに向かっていたのか、それと知らずに巻き込まれた子どもたちの言語や身体がどんな意図のもとに矯正されていったのかを考えるために拙著から引用してみよう。

復帰直前の一九七二年二月五日、地元の新聞社が主催する「図画・作文・書道コンクール」の作文部門のそれまでの優秀作品を集めて『帰って来る沖縄の子供たち』という文集が出版された。そこに収録された八六篇の小・中・高校生の作文が、沖縄における日本語教育の成果であったことを巻頭の一文は強調する。沖縄と本土の子どもたちの作文力を比較した上で、本土側の識者は「沖縄の子どもたちの思考力・表現力が、本土の子どもたちに勝るとも劣っていないことを、自らの作文によって証明している」と評する。「沖縄返還と同時に、これらの子どもたちも、みんな本土に帰って来る」という彼のまなざしの先に、「純真で無作為な表現」をする子どもたちがいた。小学校三年のときに書いた私の作文もここに収録されているが、どうやら私は「純真で無作為な表現」を駆使して「本土の子どもたちに勝るとも劣っていない」文章力を身につけていたらしい……。☆5

この本の出版にかかわった人たちの意図がどこにあったのかは、本のタイトル「帰って来る沖縄の子供たち」が示す通りだし、どんな理由で選ばれた作文だったのかは評者の「純真で無作為な表現」という言葉に表われている。復帰がすでに決まっていた時点で出版されたことと重ね合わせると「帰って来る」という直截な言葉使いに目眩すら覚えるが、要するに、もはや政治的なメッセージを本に込める必要はないとされたのだろう。それは、その六年前に出版されていたもうひとつの作文集と比較してみるとよくわかる。日本教職員組合と沖縄教職員会の合同出版による『沖縄の子ら』には、沖縄の貧困を憂い、米軍による圧政に憤る子どもたちの作文が収録されている。『沖縄の子ら』の復帰運動の趣旨に沿うようなメッセージ性あふれる言葉たち、『帰って来る沖縄の子供たち』の時代の政治的状況とは一見無関係な「無作為な」言葉たち。後者もしかし、復帰がすでに既定路線となった時期に、「標準語」を正しく習得したとみなされた子どもたちの作文を収録して発刊されたという点で、本そのものが強いメッセージ性を秘めている。両者を重ねてみると、実際にはどちらもきわめて強い政治的磁場のなかにあったことがわかるだろう。

日の丸をめぐる記憶もある。沖縄本島最北端の辺戸岬をめざして北上する「祖国復帰行進団」を軍道二四号線の沿道で日の丸の小旗を振って迎えたこと、同じように日の丸の小旗で迎えた東京オリンピックの聖火ランナーたち、図画のクラスで日の丸だけはなぜか厳密な設計図に基づいて描かされたことなど、「国旗」をめぐる幼い日の出来事もすべて復帰運動の磁場に囚われていたと、いまなら言える。復帰運動が「島ぐるみ」の運動であったとはよく言われることだが、しかしその現場に動員されていた「少国民」たる自分にとっては苦い思い出でしかない。

「復帰」のなんたるかを理解することもなく「少国民」としての道を歩んでいたわたしは、一九六九年に高校へ入学した。それまで政治には縁のない生活をしていたわたしたちにとってそれは政治の季節の到来とでも呼ぶべき変化だった。学内では授業をボイコットして討論会が開かれ、教室がバリケード封鎖され、放課後の校庭ではジグザグデモを見ることさえあった。復帰前夜の沖縄社会はどこか名状し難い熱気のようなものに包まれていて、わたしたち高校生もいくらか浮かれてもいたのだといまにして思う。当時の沖縄では、すでに復帰運動の熱は冷め、それまでとは異なる種類の浮わついた感情のようなものに支配されていた。誤解を恐れずに言えば、時代の混乱を楽しむような機運が高校生たちの間では高まっていた。授業そっちのけでデモや集会に明け暮れる教師たちの熱気が伝染していたのかもしれないが、復帰前後の変化について仲宗根勇は興味深いことを記している。

「異民族＝アメリカの支配に、あれほどまでに精神的、物理的に抵抗し異議申し立てをしてきた私たちは、日がたち、ヤマト世が根を張って定着すれば、そのとき、過ぎしアメリカ世をある種のなつかしさをもって、思い起こす日がやってくるにちがいない」という予想は、ピタリ現実化しました。そして「五月十五日を転機に、真綿で首をしめるように、巧妙かつ陰険に、一ミリ一ミリ、沖縄の民衆の自由と権利を覆滅するであろう日本の資本と国家の司祭者たち＝資本家、役人、学者先生や『文化人』たちは、鼻にかかった日本語をバラまきながら、ニコニコ顔で、沖縄の人間と土地と空気と水、民衆のものいっさいを、さまざまな手を尽くし、いろいろな回路を通じて食いつぶし、彼らの吸血的渇望を求めて動きまわるだろう」というのは、いま、まさにわたしたちの身のまわりで、現在進行形で展開していることにほかなりません。☆6

復帰後に書かれたこの文章にはまさに怨念がこもっているが、注目したいのは仲宗根にとっても復帰前の沖縄社会には「なつかしさをもって」思い起こせる雰囲気があったと感知されていたことだ。もちろん、それは比較のうえではということであって、復帰前の社会がユートピアであったということでは断じてない。復帰後のヤマト世（日本社会）がそれまでとは比較にならないほど窮屈なものになったということだ。理論的に整理する術をもたなかった高校生のわたしたちは直感的に時代の空気を読みとっていたのだと、いまなら言える気がする。復帰後の社会について考えを進める前に、ひとつだけ触れておかなければいけないことがある。

それは一九七〇年五月三〇日に起きた、のちに「女子高生刺傷事件」として記憶されることになる事件のことだ。通っていた高校の一期後輩が近くの通信隊に所属する米兵に襲われ、瀕死の重傷を負った事件はわたしたちの日常を一変させた。翌日、高校のグラウンドで全学集会が開かれ、基地に押しかけての抗議行動、近隣の高校生たちも参加した抗議集会、雨中のデモ、そして大人たちも加わった島民大会へと拡散していく活動は、復帰運動を支えていたものとは別種の感情に突き動かされていたものだと思う。その年の暮れには学内で佐藤訪米阻止を掲げた生徒たちによるハンガーストライキがあり、復帰は島民の願うかたちでは実現されえないという認識が高校生の間でも共有されていた。のちに知ることになる「反復帰」という言葉を正確に理解していたわけではなかったが、どうやら大人たちの政治の世界では胡散臭いなにかが進行しているくらいの理解はあったのだと思う。学友の身にふりかかった不幸な事件は、わたしたち高校生を時代の渦のなかに放り込んだのだった。そのときのいわく言いがたい感情に言葉を与えてくれたのは、復帰の年に入学した大学で出会うことになる「反復帰論」だった。

一般的に復帰は民衆のナショナリズムに結びつけられて説明されることが多い。戦前の皇民化教育を通じて皇国史観を植えつけられていた沖縄の人々は、占領下の苦しい境遇から逃れるために国家に寄り添う道を選んだのだといった類の安直な「理論」がいまだにあとを絶たない。しかし、復帰運動を批判する立場から、仲宗根は興味深いことを述べている。彼は、敗戦によって国家から一時的に自由になった民衆の間にあったのは「ある種のアナーキーな自由と平等の空気ではなかったのか」というのだ。それまで日本に対してもっていた「古い時代からの歴史的な異質性」と「民衆相互の違和感」をどこかで捨てなければ、「祖国復帰」に一足飛びに向かうはずはないと彼は続ける。仲宗根によれば、民衆のエネルギーを祖国復帰へと水路づけたのは、当時の「沖縄の指導的な人々だけの短見の思想にほかならなかった」[☆7]。彼はまた別のところで、戦前からの人的・思想的連続が「復帰思想の培養基」となって運動の方向を決めたとして痛烈に批判している[☆8]。復帰運動は、そう言ってよければ、思想とは縁のない民衆や子どもたちを巻き込んで突き進んだ時代の徒花だったのだ。

反復帰論の源流

わたしが高校に入学した年、仲宗根の論考「沖縄のナゾ」が『新沖縄文学』（一九六九年夏季号）に掲載された。彼はそのなかで当時の政党主導の復帰論を「現実離れのロマンティシズム」として切り捨て、「もっと高次の、自己の自立した思想的根拠を構築し、生涯の自己の思想経営を行いたい」と決意を述べている。のちに「琉球共和国憲法」を発表し反復帰論を指導するひとりとなる仲宗根は、この時点ですでに国家を相対化する批判的視点を獲得していたわけだが、高校生の間に反復帰論の言葉が浸透してくる機会はそれほど多くなかったように思う。当時の高校では、放課後に大学生たちがやって来てオルグに励んでいたものだが、彼らはおそらく全共闘用語を駆使した言葉で仲間を募っていたのだろう。彼らには、国家に反抗する言葉はあっても、国家の存在自体を相対化する言葉や意志は持ち合わせていなかったはずだ。仲宗根は先に触れた論文のなかで、くり返し「日本国とは何か、いや、そもそも国家とは何か」と自らに問いかけている。復帰運動が陥っていた根源的な問題、国家への同一化の欲望を見抜いていたからこそ、彼の目には復帰運動が「現実ばなれのロマンティシズム」として映っていたわけだ。国家へ同一化する道は、日本が歩みつつある破滅への道を共に歩むことになるという自覚は、しかし、どうして生まれたのだろうか。

仲宗根が先に述べた論考のなかで使っている「おのれの血への覚醒、生まれへの憎悪、コンプレックス」という激しい言葉に注目したい。それらは、彼ほどの覚悟ではないにせよ、遅れてきた世代である自分のなかにもあった。足元が揺らぐ感覚、確固としたアイデンティティーを持ち得ていないという焦りのようなものは、復帰前の世代が共有してもつ感覚だった。ただし、わたしの場合、それを自分のものとして強く意識するようになるのはずっとあとのことだ。大学卒業後に渡米し、一七年の歳月を経て舞い戻った沖縄が、表面上の大きな変化とは裏腹に基本的にはなにも変わっていないことに気づいたときのショックは大きかった。大げさに言えば、見るもの聞くものすべてを言葉にすることができず、しばらく失語症のような感覚に陥っていた。そんなときに出会ったのが反復帰論だった。あるいは再会したというべきかもしれないが、いずれにせよ反復帰論の論客たちがひとしくもっている情熱のようなものが、わたしに自分の言葉を取り戻すきっかけを与えてくれた。足元が揺らぐ感覚がなければ、自分が発する言葉に疑いをさしはさむこともない。わたしの場合、幼少期の国語教育が第一のきっかけとなり、国外での長期の生活と帰国が第二のきっかけとなった。標準語励行運動のなかでいったんは奪われた言葉が、一七年の時を経て戻った沖縄では復活をとげていることを知ったときの違和感はなかなか言葉にできるものではないが、強いて言えば、宙に浮いていたままの言葉が着地しようにも、着地すべき場所もタイミングもすでに失われていると知ったときのショック、とでも表現すればよいのだろうか。言葉に限らず、ありとあらゆる沖縄的なるものに値札がつけられ、県内外で消費されているような時代にあって、沖縄アイデンティティーなるものも大手を振って歩いている。そのどれにも馴染めなかった。久しく島を離れていた者にありがちな違和感なのかと当初は思ってもいたが、しかし、その原因はもう少し深いところにあることにすぐに気がつくことになった。

わたしが滞米生活を終えて帰国した一九九五年当時の沖縄では、あいかわらず基地の重圧に苦しむ現実が一方にあり、他方で沖縄ブームに浮かれさわぐ祝祭空間がまるでパラレルワールドのように混在する不思議なことが起きていた。目に見える風景と根底のところで沖縄社会を規定する構造のギャップにうまく言葉を与えられないでいるところに、またしても米軍による事件が起きた。その年の九月、沖縄本島北部で帰宅途中の女子児童が三人の米兵にレイプされるという衝撃的な事件は、ブームに浮かれていた沖縄社会を震撼させるにたる大事件だった。事件は基地の島の「異常な日常」に慣れてしまっていた人々に沖縄の「現実」を突きつけるものだった。県民大会では、人々の怒りの宛先として「日本人」が名指しされた。これは大きな変化として記憶されるべきものだ。直接の加害者である米軍、その存在を手厚く保護して怪しまない「日本政府」は当然だとしても、状況を傍観してきた「日本人」にも罪はあるのだという主張が公の場でされたことのインパクトは大きく、その後それは日常会話のなかでも聞くようになっていった。注意すべきは、「日本人」という呼び名には、そう呼びかける人たちの立ち位置が表われているということだ。自分は「日本人ではない」という意識がどこかになければ、そういう言葉づかいにはならない。「大きな変化」とはそういうことだ。

当時、事態の深刻さに震え上がったのは誰よりもアメリカ政府の関係者たちだった。事件とその後の抗議の声の高まりを受けて、当時のモンデール駐日大使は海兵隊を沖縄に置き続けることは無理かもしれないと本国に連絡していた。しかし、それがニュースになることはなかった。日本政府とメディアが蓋をしたからだというのが沖縄ではもっぱらの噂だった。それ以降しばらくは、異議申し立ての声がことあるごとに上がるようになっていった。潮目が変わったと誰もが思ったことだろう。しかしタイミングを計ったかのようにサミット開催のニュースがもたらされた。大方の予想を裏切ってサミットが沖縄で開催されたことは、一部の人たちには県民への迎合策として映った。少なくとも政府の危機感の表れではあったことだろう。二〇〇四年に沖縄国際大学で起きたヘリ墜落事故は、再び沖縄の怒りに火をつけた。事件後に開かれた県民大会のアピール文は普天間基地の「即時閉鎖」を求めるものだったが、政府の周到な根回しがあったのだろう、その後、県議会は辺野古への「移設」を決議してしまった。注意すべきは、県民の意思は普天間の即時撤去であり、それをどこかに移設しろという提案ではなかったということだ。いまでも不用意に「普天間移設」という表現を使い続けるメディアは、その意図はどこにあれ、自分たちが基地建設を推し進める側に寄り添って報道しているのかもしれないと思うだけの想像力を欠いている。その後の県民投票や地方選挙の結果はいずれも移設反対派の勝利に終わっていたにもかかわらず、埋め立て工事は続いている。どうやら問題の深刻さはそれにとどまらない。基地機能強化のための工事が相次いでいる普天間基地のここ数年の様子を見る限り、辺野古の新基地が完成したとしても、普天間基地の返還はないかもしれないという暗い予感を多くの人が共有し始めていることもここに書き添えておく。

反復帰論の彼方へ

国家に寄りそう精神風土を醸成したのが復帰運動であり、それが沖縄の国家統合を推し進める政府の方針によりそう結果になってしまったことはすでに述べたとおりである。しかし政府による国家統合劇は未完のままであることも改めて確認しておきたい。政府は、ときには金をばらまいて譲歩の姿勢をみせ、ときには暴力を行使して県民を威嚇する。前者がアメ、後者がムチと形容される沖縄統治の常套手段だが、どちらも国家意思の貫徹を狙うという点では同じ働きをしている。願い通りには実現できなかったという点で復帰は沖縄にとって失敗だったが、まったく別の理由で、それは国家にとっても失敗だった。復帰運動のなかで作り上げられたはずの国家に寄りそう精神性は、その発達が不十分なまま復帰を迎えてしまったからだ。さらに、復帰後も継続する事件や事故が、そのつど県民の（国民としての）アイデンティティーを揺るがせているということも大きな要因だろう。

わたしはこの間、復帰を歴史上の一点（一九七二年五月一五日）に固定するべきではなく、現在進行形の〈プロセス〉、あるいはいまだ上演中の国家統合劇としてとらえるべきだと主張してきた。地位協定に守られてやりたい放題の米軍と、手をこまねいて見ているだけの日本政府の無能無策ぶりはそこに政府の「未必の故意」を認めてもいいような多くの事件へとつながってきた。現状のままではこれからも事件や事故は絶えないだろう。細かな要求を米軍に突きつけるだけの「条件闘争」には限界があることをそろそろ学んでもいいころだと思う。軍人たちの「綱紀粛正」ではなく、基地そのものの閉鎖・返還を求めない限り、現状は変わらない。沖縄を憲法の〈外部〉におくことで基地の自由使用を可能にする「例外状態」を可能にした占領期間は、少なくとも形式的には終わった。しかし、例外状態はいまも続いている。復帰こそがそれを可能にした非情で狡猾な国家による方便だったと考えれば、ある程度の説明はつく。結局、復帰は占領を終わらせたのではなく、別の形の占領を呼び寄せてしまったのだ。

では、「別な形の占領」とはなにか。わたしは、ここへきて前景化してきた自衛隊を念頭に置いている。復帰の年には反対を恐れて沖縄に来ることさえためらっていた自衛隊が、いつの間にか制服姿で戦跡を訪れ、平和祈念式典などに参列するようになった。米軍基地を使っての共同訓練もその数を増している。防衛省は最近「全島ミサイル基地構想」なるものを発表した。基地が多い沖縄本島の中部では、このところ自衛隊車両の車列を見ることが多くなった。そう遠くない過去に日本軍の再来として忌避されていた自衛隊が、いまではわたしたちの生活空間に姿を見せるようになっている。かつて沖縄から日常を奪った日本の軍隊が、いま再び島の風景の一部となりつつある。だいぶ前からわたしは沖縄の基地問題という際に、自衛隊も含めて議論するようにしている。非常勤講師として勤務していた沖縄国際大学にヘリが墜落したとき、新聞のコラムで「もしあのヘリが自衛隊機だったら」と問いかけてみた。反応はさっぱりだったが、当時といまでは状況がまるで違う。耐用年数二〇〇年と言われる辺野古の新基地に、近い将来誰が居座っているのかということを想像してみてもいいかもしれない。

他にも例はある。陸上自衛隊が二〇二〇年二月に記者向けの勉強会で配布した資料に「予想される新たな戦いの様相」の例としてテロやサイバー攻撃に加えて「反戦デモ」をあげていたらしい。記者の指摘を受けて資料は廃棄され、翌日「反戦デモ」を「暴徒化したデモ」に修正した資料が再配布されたと新聞は伝えている。(『琉球新報』二〇二二年三月三一日)防衛省そして日本政府がわたしたちの生活空間あるいは「日常」をどういうふうに考えているのかがよくわかる。沖縄における「基地問題」はまったく新しい局面を迎えている。

「琉球共和国憲法」の射程

復帰は沖縄にとっても国家にとっても失敗であったと書いた。基地の島の現実はその後もむしろ酷くなるばかりだったという点で沖縄にとっては間違いなく失敗だった。他方で、従順な「国民」を作り上げることに失敗したという点で国家にとっても不確定要素を多く残す結果になった。おかげで、沖縄には国民意識の希薄な人が大勢いる。沖縄の未来にとって決定的に重要なことは、国家を相対化する方策を探ること、言い換えると、国家から自由になることに尽きる。「自立」や「独立」にかかわる議論が近年盛んになってきていることが潮流を変えることになるのかどうかまだ判断はつかないが、少なくとも選択肢が増えたことは間違いない。つねに「あれか、これか」の二択を迫ってくる国家の論理に対抗するには、権力の側が要求する選択そのものを放棄する手もある。そろそろ「あれか、これか」ではなく、「あれでもなく、これでもない」道、まったく別の道へと分け入る方法を模索してみてもいいだろう。

政府と利害関係を共にする県内の勢力が好んで使う「現実的」という言葉がある。基地建設に反対しても政府が決めたことにはどうせ逆らえない、あるいは反対ばかりしていては振興策の財源が手に入らない——。そう考えてしまう現実主義者たちもまた先に述べた「あれか、これか」の罠にはまっているのだが、彼女／彼らに対抗するにはどんな言葉を鍛えればよいのだろうか。復帰一〇年の年に発表された仲宗根の論文「琉球共和国の理念と前提」に登場する「観念論」が参考になる。そこで彼は「物取りのためのいろいろな構想を、体制補完的なたんなる政策論の延長線上でやるのではなく、もっと理念に立脚した、本当の観念論を、現実的な思想論、政治政策論として県民におろすこと」と説く。[☆9]観念論こそがもっとも現実的な道であるというわけだ。逆説的に響くが、沖縄の歴史を思い起こせば遠回りこそが唯一の策であり、それこそが現実にもっとも近いのだということが了解されるのではないだろうか。政府が用意した「あれか、これか」の土俵に乗っていては未来を誤ってしまう。「全島ミサイル基地構想」を夢想する防衛省の計画が実現されると、そもそも未来はやってこないかもしれない。罠でしかない土俵から降りるためにも、仲宗根が提案する「観念論」に言葉を与え、沖縄を生きるための思想にまで鍛え上げる決意と努力がいまほど求められている時代もないだろう。

一九八一年、仲宗根は『新沖縄文学』誌上で「琉球共和国憲法F私（試）案（部分）」を発表した。第三次世界大戦後の混乱期に世界的な困民主義革命のさなか独立を勝ち取ったとする人を食ったような前文から始まる。仲宗根は『新沖縄文学』からの原稿依頼の意図を次のように解釈している。「編集者の依頼としては、百年後の沖縄をイメージしてパロディー的な内容ながら沖縄の意志と力を表現し、同時に復帰10年目の現実に対するアンチ・テーゼをも含ませるという無理難題の注文だったと思う。[☆10]」思い切り想像力を膨らませろという依頼だったのだろう。同誌には川満信一の「琉球共和社会憲法C私(試)案」も収録されている。仲宗根が編集者からの「無理難題」に答えてくれたおかげで、わたしたちは希望と、そして誤解を恐れずに言えば、新たな難題を受けとった。憲法案が世に出てから四一年が経過したが、新基地工事は継続し、自衛隊が増強され、自立への道はまだまだ遠い。沖縄社会は、まだ仲宗根や川満の想像力に追いついたとは言えそうもない。

仲宗根の憲法案には、前文や条文に加えて、法律家ならではの詳細な注釈(コンメンタール)が付けられている。注釈は、条文をまとめるにあたって参照した歴史や社会的分脈にも触れているので、草案者の意図がどこにあったのかを知るうえで貴重な手がかりを与えてくれる。ここでいう「社会的分脈」は現実に存在するものだけではない。彼の破天荒な想像力が生み出す近未来の物語もそこに含まれる。それらはしばしば笑いを誘うが、しかし、それこそが常識的な世界観から抜け出して〈可能性としての未来〉を想像させるための、パロディの力なのだ。前文でまず目につくのは、立憲制の精神を宣言し、「地球連合政府」設立に向けて世界じゅうの「困民」に協力を要請していることである。そこには「琉球共和国憲法」が、すでに有名無実化した米国や日本の「表見的立憲制」に決別して「実質的立憲制」に基づく社会へ向けた構想であること、さらに「共和国」としての独立は「地球連合政府」を樹立するまでの過渡的なものであることが明記されている。紙幅の都合もあるので、ここでは「共和国」という形態、「不可視の領土」というユニークな概念、そして「困民」という主権者に注目して、仲宗根の憲法案に特徴的でかつ重要な概念を検証してみたい。

仲宗根は「共和国」が通過地点にすぎないことを強調する。それは、憲法前文の五項、この憲法が「暫定的なもの」であって琉球共和国が地球連合政府に参加する際に失効すると規定している部分に表われている。さらに、憲法案を読み進めていくと、その地球連合政府ですらも実は通過点にすぎないことがわかる。仲宗根はそこで、地球連合政府が「廃絶の運命をたどるよりほかない」ものであって、それこそが「わが共和国のみならず、全人類の究極の理想とするところ」であると言い切っている。第二条は、琉球諸島が「可視的領土」をもつと規定する一方で、「ニライカナイの地をもって精神的領土」とすることも定めている。沖縄の東方海上に位置するとされる伝説上の世界、ときに桃源郷とも称されるニライカナイの登場には虚を突かれるが、ここでも仲宗根は大真面目だ。彼は「不可視の領土」という地理学上は存在しない空間を想定することによって、そもそも「人間によって、人工的に線引きされたインチキ体である」国境を「逆照射する働き」をさせているのである。国家の都合によって国境の〈内〉に包摂され、あるいは〈外〉に排除されてきた沖縄の近代史を考え合わせてみれば、それが単なる思いつきではないことが了解されるはずだ。主権が「困民」にあることは、共和国憲法の第一条に定められている。国民でもなく、人民でもない。困民という語が「秩父困民党に由来すると説く説もあるが、かなり少数説」といささか韜晦的に言及してはいるが、明治期の民衆蜂起のエピソードに影響されたことは間違いないだろう。憲法案では「困民」の他に、たとえば第九条で「琉球共和国の人民」という表現も使われている。交換可能な語であると理解してよいだろう。九条は「何人も、琉球共和国の人民となり、また琉球共和国から離脱する自由を有する」としている。さらに注釈には、たとえ外国人であっても「この憲法を承認し、琉球共和国の国家理想を共有する限り、その欲するところにより、何らの資格、条件を要せずに、琉球共和国の人民たる権利を、完全に取得することができ」、本人が意思表示すれば「この憲法及び共和国の課する国家的義務を免除されることになる」との解説がある。つまり、仲宗根が標榜しているのは言葉本来の意味で「開かれた国家」なのだ。この理念は、四〇年のときを経てなおその新鮮さを失ってはいない。ともすれば本質主義的な「沖縄人」や「琉球人」概念に基づいたいささか狭量な主張も聞かれるようになってきたいまだからこそ、傾聴すべき重要な意見だと思う。[☆11]

憲法案が復帰一〇年という「節目」に創案されたことには意味がある。仲宗根は「復帰十年に思う——不可視の〈国境〉のなかから」のなかで、一定の発展を認めながらも安保体制下の軍事戦略に飲み込まれていく沖縄の姿を嘆いている。沖縄に注ぎ込まれる金が「ほとんど沖縄社会に滞留せずヤマトへ還流してしまうという経済構造」のおかげで県民所得はそれほど伸びず、むしろ「利害を対立させ、嫉妬を昂進させることで、みごとに分断された民衆」を生み出してしまったとも仲宗根は述べている。いまに至るまで続く経済支配の構造は復帰一〇年にしてすでに完成形に近づいていたのだ。二日にわたって地元紙に掲載された論文の最後に仲宗根は「基地を質入れしての「利子」生活、飼い殺された生活にグッドバイし、沖縄自立に向けて、ヤマト「国家」→沖縄のワク組みを食い破る沖縄人の思想的感性を転換し鍛え研く歴史的作業が、沖縄人自身によって」始められなければならないと記している。問題は、やはり「思想的感性」なのだ。[☆12]彼の憲法案はこうした状況分析を下敷きにして書かれている。本人が「パロディ」と謙遜してみせる憲法案は、遊び心に満ちてはいるが、実は大真面目なのだ。あるいはこう言ってみたい誘惑にかられる。仲宗根はここで大真面目に遊んでみせたのだと。時代の精神に抗うためには、まず言葉を攪乱する必要がある。仲宗根は文中でマルクスの有名な言葉「支配者の思想が支配的な思想である」を引用している。さしあたっての敵は「支配者＝国家の思想」なのだ。反復帰論は、言葉をめぐる闘争に挑む際に携えるべき地図のようなものだ。確認しておかなければいけないことは、しかし、実際に歩むのはわたしたち一人ひとりであるということだ。地図は実際に使いながら、そのつど改訂される必要がある。「復帰五〇年」の今年、わたしたちは支配者の言葉で綴られたさまざまな「物語」を見聞きすることになるだろう。そもそも「復帰五〇年」という枠を設定することにも、支配者の思想が少なからず影響を及ぼしている。ただし、支配者の思想で塗り分けられた地図を捨て、まだ見ぬ沖縄へ向けて一歩を踏み出す覚悟を再確認する機会であれば、その限りにおいて、「復帰五〇年」を考えることにも意義はある。

〔注〕

☆1　古関彰一・豊下楢彦『沖縄、憲法なき戦後』みすず書房、二〇一八年、vii頁。

☆2　前泊博盛編『本当は憲法より大切な「日米地位協定入門」』創元社、二〇一七年、四頁。

☆3 前泊、前掲書、四四―五三頁。
☆4 山本章子『日米地位協定――在日米軍と「同盟」の70年』中央公論新社、二〇一九年。
☆5 田仲康博『風景の裂け目――沖縄、占領の今』せりか書房、二〇一〇年、一一二頁。
☆6 仲宗根勇『沖縄差別と闘う――悠久の自立を求めて』未来社、二〇一四年、一八三―一八四頁。
☆7 仲宗根勇『沖縄少数派――その思想的遺言』三一書房、一九八一年、一九〇―一九一頁。
☆8 仲宗根勇『沖縄差別と闘う――悠久の自立を求めて』、一一三―一一四頁。
☆9 仲宗根、前掲書に所収。
☆10 仲宗根、前掲書、五二頁。
☆11 仲宗根勇「琉球共和国憲法F私（試）案（部分）」『新沖縄文学』四八号、一九八一年。本書に収録。
☆12 『沖縄差別と闘う』に所収。初出は『琉球新報』一九八二年五月一三―一四日。

匿名座談会

「憲法」草案への視座（抄）

A（詩人・エッセイスト）

B（ジャーナリスト）

C（共和社会憲法起草者・詩人）

D（国立大学教員）

E（私立大学教員）

F（共和国憲法起草者・公務員）

G（国立大学教員）

H（図書編集者・民間労組員）

（「百年後の沖縄のイメージ」「破壊される労働の〝場〟」の部分は省略）

両「私案」をめぐる問題点

B　さて、予見される情況認識についてほぼ一致したわけですが、そういうところに立って事務的にすすめてみますと、私たちは「F私案」をつくってもらったわけです。そこでこれをめぐって話をすすめてみたいと思います。

E　この私案は百年後を想定しているの？　つまり日本は滅びなければいけないわけだよね（笑）。二十一世紀後半につくられたという設定でしょう。

B　これについては私どもにも責任がありまして、いわゆる「共和国憲法」というかたちでまっとうな、真面目な憲法草案をつくるのか、あるいはパロディ化したもので、その真実性をもって我々の意志を表示するか、そのどちらかということだったのですが、両方を欲張ってうまく練り合わせて料理してほしいという難しい注文をしたもんですから、Fさんも苦労したようです。そういうことから、コンメンタールも含めてパロディ的な要素が強いものです。

しかし、「F私案」条文のなかには十分に共鳴ないし納得できる考え方が、いちおう盛り込まれているのではないか。ただ基本的な点で二、三問題がある。「共和国」というかたちで、「国」というものを想定し、新しい憲法が発想できるのかという、C君の提起にかかわる点です。彼の場合は、

「琉球共和社会憲法」、つまり、国家概念そのものをとっぱらったところでないと、意味がないという意見になります。

もうひとつは、憲法条文の前文第三条から五条に書かれてある「地球連合政府を形成し、人類存続をはかろうとする各国の責任である」とか「地球連合政府が樹立されわが琉球共和国がその連合体に参加する日の前日に自動的に失効する」という場合の「地球連合政府」というところ、つまり現在の地球上を覆っている国家、国境がとっぱらわれてひとつの連合政府が形成されたときに、琉球共和国憲法は必要なくなるだろうというひとつのイメージがあるわけです。それに対して、いま地球上にある国家群がなくなって、それが全地球的なひとつの国家にまとまったところで、それは国家が肥大化しただけで、究極にそういう「地球連合政府」をイメージすることもおかしいのではないか、という問題になります。

A 坂口三郎という人が『世界国家』という本を書いていますが、やや似ていますね。

E 「F私案」には、「九十年前にサンフランシスコ条約」云々というのがあるから、この私案は二〇四〇年頃につくられた憲法というかたちになるわけね。

B コンメンタールの書き方はどのように書いてもいいと思います。それはひとつのパロディとして提出していくことになりますので。

E パロディはパロディでいいんだけれど、時点をはっきりさせておかないと、「国家」がどうなるのかという話も、さっきいった三十年後と百年後は随分違ってきそうな気もする、

C 僕の場合だと「琉球共和社会の全人民は数世紀にわたる悲願がかない、ここに完全自治社会建

設の礎が定ったことを深く喜び……」というふうにやるわけです。百年先だろうと十年先だろうとかまわないわけです。現在の体制を沖縄の人民自体が変革して憲法を制定し得る時点であれば、それは何年先でもいいということになる。

E いまのようなことであればいいけれど、「F私案」ではかなり明瞭に二〇四〇年頃になっているし、一九八九年あたりに第三次世界大戦も起こっているわけだ。

D その点は××年で処理できるでしょう。

E Cさんの意見では「琉球共和社会じゃどうか」ということだけれど、いわゆる共和「社会」になっても、憲法はあるの?

C そこは法理論上の違いですよ。

F Cさんのいう憲法は、実定法的な意味でいっているのではなく、ひとつの社会の最小限のルールみたいなものを「憲法」といっているんでしょう。

A 現実にあるパラオが大きな示唆になりますね。現にパラオは独立して憲法をつくっている。

B パラオの場合でも、たとえば二百カイリ宣言の憲法規定があるわけでしょう。そうすると、我々の「共和国」でもいまの地球上にある諸国家の状態と同じかたちでやるのか、やらないのか、そのへんが問題なんでしょう。

たとえば、「F私案」では「琉球弧を形成する諸島嶼をもって、琉球共和国の可視的領土とし、ニライカナイの地をもって精神的領土とする」というパロディ的なものとして出してありますが……。

E　つまり、国家に領域がいる。だから琉球弧という一定の可視的領土が必要となるわけだよね。そうではなく「C私案」のように「国家」を越えて「社会」というかたちでやっていった場合にそのへんはどうなるのか？

A　むしろ超国家的国家ということですね……。

なぜ、憲法をつくるのか？

C　アメリカに国籍をもっていようと中国であろうと、どこに国籍をもっていようとかまわない。その人間が「琉球共和社会憲法」の主旨に賛同して、自分もこういう憲法のもとで人民になりたいというのであれば、その人は登録によって琉球人民社会の一員に加わることができる。ただし、この憲法には最初から「国」はないわけですから、現在の世界が定めている国籍法には触れない。

A　管理法もないわけですか？

C　そういうことなんです。

E　この「F私案」は全体の構成が「琉球国」を想定した憲法だと思うわけです。しかし「C私案」の発想は発想として成り立つと思うけれど、そうなると「F私案」の方は全部ひっくりかえってしまう。

B　そこで「F私案」はそれとして提出し、「C私案」をC君にまとめてもらって、それも出すということにすればよいと考えます。

G でもいまのCさんのいう、どこの国籍をもってもいいということは「F私案」のなかでも基本原理として入っているのではないか、つまり、小さな島嶼群に所属するというかたちで……。

E いやいや、Cさんのいうこととは全然違うよ。島嶼とかそういうところではない。

G 大きな概念でいえばそうだけれど、基本原理のなかにその精神は入っていると思う。

C ただ、「国」とした場合には拡がりを欠いてしまう。「国」として想定された領域内に限定されてしまう。その領域を外側から侵された場合、どうするのかという問題があります。そうすると現在の国家が防衛体制をとるのと同様に、琉球共和国自体が他国との間に領域をめぐる争いを演じなくてはいけない。つまり現在の時点で私たちが憲法を草案するということは、従来成り立ってきた所有の意識を中軸にした国家をどこまで覆せるかが、まず問題になると思うのです。

E それはわかるけれども、それを貫くと原則的に違ったところから出発しなくてはいけない。そうすると「F私案」を全部御破算にするか、あるいは民衆憲法草案はいくつあってもいいのだから、一定の国家を想定すればこういう憲法が成り立つというのがひとつ。国家を超えたところでは、こういう憲法も成り立つんだというのをもうひとつ考える、ということか。

B いまの段階ではそれを並載したらいいと思います。そのうえで両案をたたき台に、討論会を重ね、原理的、本質的な問題まで十分つっこんだうえでもうひとつまとまったものをつくることにしたらいいんじゃないか。

G そう、両者によって提示された案をもとに、私たちの憲法をつくりましょう、というふうにやればいいんですよ。

C　本誌で憲法草案を提出するわけでしょう。しかし、この座談会に出席した皆さんは、いわゆる未来社会において憲法とか、法律とか、あるいは国家とか、そういうものは必要なのかどうか、ということまで考えて欲しいのですよ。

A　だからそれ以前の状態にあって、そこへ行く道筋を模索する話合いだと、この座談会を割り切っているのですが……。

G　しかし、憲法をはじめ法律のない社会は考えられるのか、ということを言われると、非常に迷ってしまう。だから僕らはいま、ひとつの想定のもとに「憲法」を考えつつあるのに、その必要のない社会が考えられるかというふうになると、どういうことになるのか（笑）。

C　では憲法は必要、国家も必要だということですか？

G　いや、それとはちょっと違う。

C　何のために僕らはこういうことをしようとしているのか。

G　まさにいま、Cさんがいったように国籍はどこでもいいというかたちのものを想定していく、それをひとつの法律、国家の概念のなかでつくっていこうということではないか、ということです。

A　つまりこれは、一種の想像力の発揚ということだろう。

H　非常に端的にいってしまえば、憲法なんてもんは結局誰がつくっても同じだと思うのですよ。いいことはやはり書くわけです。そうでないところで発想しないと、意味がないという感じがするんですよ。

A　私たちが考える憲法は、現在の日本に対置しないといけない。日本の帝国主義社会がどこまでつっ走るかわからないという状況があるから、我々はない知恵を絞って想像力を発揮しようとしているわけです。それを読者が受けとって、それぞれの想像力を喚起して活力を噴き出してくれたらいい。

G　皆さん非常に高級で困るんだけれど（笑）、僕はわからないんです。自分のなかで現状そのものを突き抜けるにはどうすればいいのか。だから自分なりに考えて、自分なりに処理することができ得るように、草案を手がかりに考えてみようという気がするわけです。だからHさんみたいにいっちゃうと身も蓋もなくなっちゃう。

H　僕自身は「F私案」とどこでリンクさせるかということで、考えをまとめてきたところがあったんです。ただその場合に条文をどうするのかということじゃなくて、むしろコンメンタールの方になるんですが……。「F私案」はひとつのパロディになっていますが、僕自身はこういうことをパロディでつくっちゃいけない、という根本的な考えがあるわけです。だから、これはこれで結構です、というふうにはいえない。

憲法構想の基本理念のあり方

A　そもそもパロディの意味も盛り込んでやろうというから、これは最初から矛盾撞着をかかえたままの発想ですよ。

E　だって編集の主旨にも「知的遊戯」と書いているのだからしようがない（笑）。それをダメというのなら、ダメということを強力に出していかねばならない。

A　しかし、まったくの知的遊戯に終わってもいけないわけでしょう。

H　僕は真面目にやることが、むしろパロディだと思うんですね、いまの時点では。

F　そんなことならば、現在の日本国憲法も非常に立派な憲法なんだから、それを「将来の琉球共和国憲法とする」というだけでいいことになる。

C　あれにはちゃんと皇室規定が入っている。

F　そういうところを除いてね。

E　あるいは、マッカーサー憲法みたいに土地の共有を盛り込むとか。

B　そういったことでいえば、一見まっとうな憲法というのは比較的たやすくつくれるわけだよ。しかし、それでは最初に話し合った現在の状況や予見される状況に対するインパクトはもち得ない。状況に風穴をあける「毒」を調合しようということだから。

C　もし、これから私たちが憲法をつくるとしたら、その基本は所有のあり方だと思います。これを共有とするのか、あるいは私有を前提とするのか、そのへんをシャキッとさせないといけない。日本国憲法の場合はちゃんと私有財産、私有権というのを前提に謳っているわけです。その私有権というのが前提とされる限り、それを核とする国家権力というのが想定されてくる。だから国土とか領土権が、いわば個人の私有権を中核としてちゃんとできあがってくるということになる。

F　逆に、憲法の私有権の条項が有事立法の目ざしている強制収用措置などに対して、闘いの拠点になり得ることもあるよ。

C　それはあくまでも公的権利の行き過ぎが私有権、所有権を抑圧してくることに対する、調整としての闘いにしかならない。

D　いまの議論は現実にある社会体制のなかでの私有権の問題と、琉球共和国における私有権の問題が、ごっちゃになっているんじゃないか。

F　そうであれば、条文は一項でいいわけですよ。つまり「琉球共和国においては私的所有はこれを認めない」、これだけでいいわけです。

D　ただね、そこで問題が出てくる、「F私案」の基本原理の第一条に「共和国は、労働と愛に基礎を置く困民主義的共和国である」とある。この場合「愛」を私的所有の関連でいうと一夫一婦制は基本的に否定されるかたちになる。そこまでいっちゃうわけよ。

A　おそらく社会がそういう方向に、向かっているんじゃないの（笑）。

C　いや、いまの一夫一婦制の問題を「所有」として考える概念そのものが根本的に間違っているわけです。つまり、私有財産概念が前提にあって、夫婦になってしまえば、女房も子供も自分の所有みたいな考えがいつのまにかできている。けれども、それは実際には所有じゃないわけですね。「性」は私有できないわけです。たとえ一対一で愛する者がいっしょに居たって、これは双方の私有じゃない。

A　それは自然関係としてそうであって、一夫一婦制というのは、制度としての問題でしょう。だからここで問題になるのは一夫一婦制という制度の問題であって、性意識の問題ではないわけよ。

C　意識を変えない限り、制度の問題は根本的に変えられないだろうということです。意識を変えるためには、憲法はつくられるべきだということなんです。

H　そこでFさんに質問したいのですが、家族というものをどう位置づけますか？

F　最近吉本隆明が『世界認識の方法』という本のなかで書いてあったんだけれど、天下国家を論じても日本の知識人は家庭については論じない。しかし市民社会が消費型社会になったせいか「家庭崩壊」がテーマになることが多くなっていますね。

家庭というのは基本的な社会の単位なんですが、琉球共和国のなかでどういう位置づけになるかといえば、将来琉球共和国の基本的な生産関係、生産構造がどう変わるかによって決まっていくとしかいえない。一義的に家庭のイメージを問われたって仕様がない。

H　家庭というのはなくなっているのか、それとも基礎単位として残っているのか、そのへんが……。

F　家庭というのはやはり、愛の共同体でしょう。私の「私案」の前提としては、残るんじゃないでしょうか。

H　一方では一夫一婦制というのが、やはりあるわけですよね。その関係というのはどんなものですか？

F　一夫一婦制は崩れるのが、人間の自然的な本性でしょう。まあ、人間性というのは歴史との函数関係であるということも事実なんだけれど。たとえば、法制度的に一個の人間になったらあとは、自分の感情が死ぬはずはないしね。

私的所有と「性」をめぐって

D そこでよくわからないんだが、私的所有が否定されることがさっき出たわけでしょう。その場合に私的所有というのを、どの程度に考えるのかということです。

たとえば、愛の共同体が家族の最小単位だとして、そこで必要とされるものが当然生ずるわけだし、それから子供も生まれるわけでしょう。その子供を集団で養うということになるのか、どうか。自分のお腹を痛めて産んだ子供に対しては、普通の物に対する所有の感覚とは違う、けれども「これは自分の子だ」という感覚は残ると思うんですね。その感情は一種の自然過程としてあるのではないか、と思うわけです。で、それに付随して出てくる私的なものはどうなるんだ、ということがわからない。私的所有を否定するときに……。

C 生産がいわゆる共産制である限り、分配そのものというのは必要に応じてしかやらないわけでしょう。だから子供をつくったとき、一定期間いっしょにいたいということであれば、いっしょにいる一定期間中の必要食料というのは貧しかろうが、豊かであろうが、その社会のレヴェルに応じて、分配供給されるという話にしかならないいんじゃないか。

D それは制度としてね。

C　子供との関係で愛情があるのなら、大人になってもいっしょに家族というかたちの生活形態をとればいいんじゃない。別にそれは私有とは関係ないでしょう。

D　私有とは関係ないというけれども、では私有とはいったい何かということになる。

C　それはあくまで生産手段と、生産から生じてくる消費財の問題じゃないの。

D　人間と物との関係だよね。

C　そう、テリトリーをつくらさない、囲い込みをさせないことが問題になるわけです。隣の家族より自分の子供が可愛いから自分の子供にはもう少しましな食物を食わせたい、そういう欲望は否定されなければいけないわけ。そうでない限り理念的社会は想定できない。

H　僕は「愛」を「F私案」に書かれているように理解しているわけです。もう少しパロディを効かせていうなら「慈愛」みたいな意味で……。

F　読む人が各々もっているイメージで読めばいいのだし、だいたいひとつの法文で解釈がひとつ以外はあり得ないということはないのですから（笑）、読む人間によって皆違う。だから賢明な立法者というのは、いざというときに自分に都合のいいように解釈できるよう、法文をつくっているわけです。

A　いまの日本政府の憲法解釈と同じなんだ（笑）。

D　さっきC君がいった私的所有というのは、人間と物との関係なんでしょう。その人間と物との関係を、いまのままで存在させるかたちで私的所有を禁止してもそれは意味がない。つまり現在は、自然から略奪するかたちで文化が進んでいるわけでしょう。そういう人間と自然との関係をそのままほっといて、私的所有は禁止条項であるとやったって、それは不可能なわけだ。

C　これまでは、ヨーロッパ的発想の人間中心主義の思想で人間の利用のために、自然はあるんだという考え方が支配的だった。その発想を変えてしまわなくてはいけない、これが当面の問題になるわけです。僕のいいたいことは、そういう思想の転換を提起するためにも憲法は書かれなければいけないんだ、ということです。

D　僕は逆の感じがするんだけれど、つまり私的所有というものを琉球共和国が禁止するんだとすれば、それに対して、その前に人間の自然関係というのがどうあるべきか、どうイメージできるのか、ということがないと、私的所有を禁止するということはでてこないんじゃないか。

F　ただ、所有の問題というのはつきつめていけば、国家の問題なんですよ。琉球共和国というからには、私的所有権というのを一定程度まで認めないと国家の存立というのは有り得ない。

パンツの紐まで共有だから、私的所有を認めないかというと、そうではないわけでね。物を持ちたいというのは人間の本性みたいなものじゃないか。これは社会関係でも何でもない。だって資本主義社会以前の社会にあっても、やはり人間は物を集めて子供を愛していたんで、それが特殊に資本主義的なものだとか、社会主義的なものだとかはいえない。

C　それを人間の本質性だと認めるのであれば、僕らは別に憲法を考える必要もない。人間の私有性を本質と認めたところから現在のような国家の発展、生産の発展形態があるわけだから、もしそうならば、現代の国家のありさまこそ人類が辿りついた一番いい状態なんだ、ということを認めなくちゃいけない。

F　つきつめた極限形態は、たしかにそうでしょう。ただ私的所有が義務を伴うんだとか、あるいは公共のために用いるんだということはすべての憲法に書いてあるにもかかわらず、所有が一か所に集中し、一パーセントの人間が九九パーセントの財をもっているなんていう国家はいくらでもあるわけでしょう。これは私的所有のあるべきかたちではなく、腐敗した私的所有の形態なんであって、そういうものは私的所有の典型的なものではないと思うわけです。これは歴史観というか思想的なものだと思うけれども、所有欲とか私的所有権なんてものはやはり人間の本質的なものではないかという感じがするんです。

私の「私案」でも、「私的所有は認めない」と書こうとしたけれど、そこらあたりで堂々めぐりをして、これは書けないなということで(笑)。もしパロディ一辺倒なら、これは何でも書けるんですよ、セックスは公共のために存在するとか(笑)、密室でセックスをする奴は罰せられるとか……(笑)。

H　私的所有を廃止するというのは、そういう意味では、各国の共産党の綱領のなかに書かれているわけですからね。パロディにもならないんじゃないか。

F　だから要するに、琉球共和国がすでにあるんだという前提で、物事を考えないといけないと思うんですよ。

D　そうするとC君がいったように、それこそアメーバー的な社会か(笑)。

A　それもたしかに魅力はあるね。

B　そこではすでに「琉球共和社会」というようなものさえ、なくなっている状態でしょう。もちろん憲法もいらない……。

国家、その領域と権力

C その場合に想定されているのは、たとえば仏教がありますね。仏教というのは中国にも日本にも、国境を問わずあるわけです。キリスト教だってそうでしょう。世界の隅々まで、拡がるわけです。

日本にあっても、朝鮮にあっても、キリスト教徒はキリスト教徒なんです。同様に人間の国境を越える自由性みたいなものをイメージするわけです。

B そしたらなにも「琉球共和社会」とか、ことさらにつけることはないわけよ。

C 琉球からはじまる思想だから「琉球」がつくわけだ(笑)。

B そんな発想は別に琉球からはじまったわけじゃない、たとえばアナーキズムだって本来そういう思想でしょう。なにも「琉球」という名辞をつけることはないわけだ。

C アナーキズムとも少し違う。

F 実際に存在するのは、やはり琉球人ばかりでしょう。それと土地、その上に国家があるなんていうのはひとつの幻想であって、それは法的なフィクションにすぎない。だから、そういうことを認めるというのが、前提でなくてはね。

E　だけれどもCさんのいうのはそういう土地もないのだから、琉球人もいない、琉球人でなくてもいいのだから……。

F　最もラディカルな考えですね。

E　だから、それはそれで次元が違う、それでまとめ、それとしての体系をもたすことだよ。

C　ここでなぜ「琉球」が冠せられるかといえば、これはあくまでも過程的な問題として考えなくてはいけないわけです。仮に琉球を中心にして、そういう憲法が制定されたとしても、依然として日本やアメリカというような国家があるわけだ。それに対していわゆる琉球だけが「C私案」のような憲法をもち得ている。どこの国にいようと「お前がこの国の国籍をもちたかったらもて」という憲法はない。しかし琉球にはそれがあるのだから、それで「琉球」が冠せられてもおかしくない。

A　僕の場合の発想はもっと現実的で、たとえば日本が戒厳令をしくとき、こっちは独立したから関係ない、というような実に現実的な発想です。

C　たとえば、東京においても北海道においても、琉球共和社会の憲法に登録して、自分は共和社会の人民だから戒厳令には従わないという、そういう抵抗が出てきてもいいわけですよ（笑）。

D　琉球共和国憲法もユートピア構想のひとつなんだけれど、そういうのは無限に膨らむね。だからこの「F私案」は断わっているように固定的なものじゃなくて、たとえばひとりでも反対するものが出てくれば条文を変えることができる。つまり極端にいえば、そこまで憲法条文が伸びたり縮んだり、あるいは変化していくわけでしょう。百年先まで憲法の条文で縛りつけて、条文が条文として活き続けるのではない。活き続けて人を拘束するならこの憲法の条文そのものが、現在の日本国憲法と同じようなことになってしまう。自由に改変できるようなものとして議論しないと……。

F Cさんのは一言でいえば、無体系の国家体系だな。

C まあ、そういうことになりますね。

F それは思想上の国家でしょうね、本当に、それこそ幻の国家ですよ。

C 幻の国家といっても、私は幻にさえ国家を描かなくなっているんだ（笑）。

H Fさんの場合は、唯一の国家ということですね。世界的な国家とイメージされているわけです。それがやはり違うんです。国家というのは、あくまで国家だと思うんですよ。権力があり、肥大化すればするほど、むしろ悪いものになっていくというイメージが僕にはあります。
つまり、日本があって、他の共和社会ができて、それがまた連合してひとつの国家ができるということですが、国家はやはりあくまでも国家だと思うんです。権力をもつという意味でいえば。

F 社会あるところ法あり、でね。権力的な規律というのは不可避なものではないか。それほど人間性に対する楽観はもち得ないでしょう、本当のところをいうと。

H もちたいわけですよ。

F それはもちたい、だから琉球共和国においては人間は望ましい人間性に変革されているんだという前提であれば、それはおもしろい発想ができるし、そうであれば憲法なんかはいらないわけですよ。

H その場合の権力というのはどういうふうに解釈するのか、というのが出てくるわけですよ。

F　だから、権力なんかがあるということは人間の望ましからざる人間性だとか、あるいは社会集団から必然的に生ずる軋轢、摩擦、それを越え秩序づけるひとつの執行委員会というものがどうしても必要になる。

H　執行機関と権力は別個だと思うんですよ。

暴力としての「法」と村内法

H　例として良いか悪いかわからないのですが、沖縄には村内法があった。その決められ方というのは、権力があってそれが決めたわけではない。皆が決めていったひとつの「法」ですね。「法」であるにもかかわらず、別に権力がつくったものじゃないし、権力が執行したわけでもない。そういう意味では、内法を執行する機関は必要だが、別にそれが権力だとはいえない、と僕は思う。ただ国家というものはどんなにひとつになっても、やはり権力をもつ国家であって……。

F　それはプロレタリア独裁というか、プロレタリア執行というか、ぐらいの相違じゃないの。

H　いえ、違います。国家というのはどう成り立っているかですよ。

F　権力という概念は、僕の場合もっとザッハリッヒというか、ゲバルトを意味するのです。人間集団を統制する、いまあるような国家権力みたいなイメージはないですよ。

H　ゲバルトというと？

F　心理的なね。

H　心理的ゲバルトですか。ちょっと意味がわからないが、ゲバルトというのは心理的ではなくて、まさに「権力」ではないですか。

F　しかし、人間の社会で、集団のなかで、まったく緩やかな状態で社会が動き、活きていくかということですよ。

H　ですから、これはさっきいったように、根本的なところでどうみるかというのがないと、こういうものを出せないと思うんです。

A　村社会でつくる掟と、権力の発想とは違うはずですよ。

H　はい、やはり違います。国家というのは先ほど幻想だとおっしゃられたけれど、共同幻想がそこに投影されているひとつの形態だと思うんですよ。ところがその共同幻想が国家に投影されているゆえに、権力が生じてくるという側面があるわけです。だから各々のもっている共同幻想みたいなものを、どのようにして創り出していくかというところで転換しない限り、つまり「社会」にならない限り、結局権力はもつし、ゲバルトはもつ。たとえ単一の国家になってもです。

だから、琉球共和国というのがあって、それがゲバルトをもつということになれば、どこかから攻めてきたときには当然闘う、戦争をするということになるわけです。

F　琉球共和国という「琉球」がつく限り、どうしようもないんじゃない。

C　それだったら、いままでの「国」となんら変わらない。大きいところについていった方が、よほど強いことになる。

D　いまのHさんの話はよくわからないのだけれど、制度そのものが人を一定の方向にゲバルトをさせる力をもつわけでしょう。

H　はい、もちます。

D　だから村内法だって、やはり権力はもつんじゃないか。権力は生じ得るでしょう。

H　内的な規制はあると思うのです。ただ共同幻想が国家に投影された権力が、逆に市民社会を縛っていくのとは違う。

D　国家になろうと社会になろうと、それがひとつの制度として外化された場合は、やはり権力をつくり出すんじゃないかという気がします。

C　いや必ずしも、そうはならない。たとえば吉本氏は共同幻想というのを捨てちゃえ、否定しちゃえ、という論理にいくわけだけれど、そうではなく、共同幻想というのは必ずしも従来のように国家だけをつくるのではない。もっと別の共同幻想の立て方が可能じゃないか、ということなんです。

H　具体的にいえば、単一の国家に収斂されて権力があった、それに社会が従属しているというかたちじゃなくて、小社会が連合していくようなかたちを考えます。

生産に伴う共同の志向と分配

D 僕のイメージでは権力というのは、ひとりの人間がもつものではなくて、制度がもつものだと思う。そうすると、共同幻想が「国家」ではなく、「社会」というかたちをとっても権力となるのではないか。

C 原理的にはそうなるよ。ところが、村内法のなかには必ずしも国家・法として制度化したものがもつような、個人をとことん疎外するようなものではない部分が、かなりあるということです。

D それは程度の問題じゃないかな。

C いや、村内法における個幻想の積極的投機性ということを、いっているわけです。

D その程度ならわかるけれど。

C 要するに現代の国家形態は集権化によって、非常に個人から遠いものになってきたわけでしょう。

D 国がだんだん大きくなるにつれて。

C 国が大きくなるにしたがって、権力のシステムによるコントローラーが生じて、制度化された国と個人との間の疎外関係はものすごく深刻化してくる。ところが、村内法の場合は、たとえば「いっしょにあの大きい魚をとりにいこう」という自己投機の仕方がある。季節の魚が寄ってくるときに、村の人間皆が参加しないととれない、それをとらないと冬の期間生き延びれないから、皆でとろう、ということになる。それは生産に伴う共同の志向であり、そこにはその生産に参加しなくてはいけないという暗黙の強制はあるけれど、同時に個人の積極的意志も働いている。「俺は難儀だから、お前たちとってきて喰わせてくれ」というわがままは成り立たない。その季節にとらないと自分が飢えるわけだから各個人とも積極的に参加するだろう、そういう投機の仕方は考えられるということなんだ。

H だいぶ前にテレビでエスキモーの取材をしているのを見て感心したんですが、エスキモーの社会で鯨をとる場合、我々が自然保護とか動物保護とかいっているのとは違う保護の意識があり、それが自然に身についている。たとえば、年に二頭しかとらない、というような自分たちの内部での決まりがあるわけです。で、二頭仕留める作業には全員が参加し、それを分配する場合、一番良いところを寡婦の家庭や身体障害者のいる家庭というように決められている。つまり家族数に応じてどの部分のどれだけの量と決まっている。それは文章にされているのではなく内的決まりとしてあるわけですね。そういうものを社会のイメージとしてもつんです。

D 僕は悲観的かもしれないけれど、そういうものができたら、そこには権力が生まれていると理解している（笑）。

A たしかにエスキモーの社会はおもしろいね。そういったことは生活の知恵かもしれないけれど。

D エスキモーの場合でも、生産手段の問題がひとつからんでくると思いますよ。生産力の問題だな。

H　必要以上に物を取らないというのが、内的にある社会というのは非常に素晴らしいと思うんですよ。
B　そういう社会はエスキモーに限らず相当あるわけです。
H　だからそこに近づいていくということしか、僕にはイメージできない。
C　たしかに僕らの幼少年期の体験でも、小さい蟹とか小魚とかは、とっても放してやるということがあったわけですよね。

マクロ化とミクロ化への分岐

C　最後にこれだけは聞いておきたい。要するにFさんの憲法草案では、その先には結局、世界連邦的なマクロ的国家の構造が想定されていくんじゃないか。だから自立とか自治権という場合、「国家」の有り方まで含めてとことんミクロ化していくべきものか、それとも地球人類皆兄弟、一国、というようにマクロ化していくべきものか。その点をどう発想するのかということです。
D　この点に関しての統一見解は出てこないよ。Cさんの発想でいけば、辿り着くところは個人に自治権は帰属する、みたいなことになると思うのです。Fさんの場合だと、この論理構成からいくと、やはりマクロ的にならざるを得ない。
B　我々が「琉球共和国憲法」をイメージするときに、その両極端のどっちを発想の起点にするのかということですね。

D 「F私案」をたたき台にして話をするとすれば、結論は結局地球連邦政府みたいなものになるわけでしょう。

B 最終的に地球連合政府みたいに地球一国政府ができるということが、究極目標になって完結しちゃうとすれば僕は納得できないね。

D だから、そうではないということを想定するとすれば、やはり村内法に戻っちゃうのではないか。

F 本当のことをいえば、世界連邦政府というのもない方がいいことはいいんですよね。国家がすべて死滅すれば一番いいんでしょう。

B そこで、マクロ化かミクロ化という発想の仕方で、そのどちらに立つかというC君の問いかけに答えれば、僕なら現実的にある日本国家のなかで、ミクロ化の方向で考えたい。ひとつのステップとして想像し得る社会として「琉球共和国」が、やや具体的なものとしてイメージされるということです。

A 僕はまた考えが違う。今度の雑誌の特集のねらいがありますね。それで「F私案」を出してもらった。これがどんなところへ行き着こうとそれは問題ではない。ひとつの案なんだから。

H 「F私案」はこれまで非常にまとまっていて、パロディも効いているからいいんじゃないか。問題はCさんの草案も必ず出すことだ。ただ、言葉自体の問題としていうと「F私案」の連邦政府の問題とか、権力という言葉に生理的な反発があるんだ。

F　地域のミクロ化が発想の根底にあって、しょうがなくて、連絡委員会みたいなものが琉球共和国であり、この場合は権力が強いんだということになる。
　ところが、琉球共和国という連合体自体の政府、連邦政府自体は権力はないということで最小限の権力しかもたない。各州の権力は共和国が保障するんじゃなくて、各州自体が自治権というひとつの権力をもつんだと考えたい。
H　自治権というのは権力ですか。自治権利だと僕は思ったんですが（笑）。民族自決権の「権」と同じようなものを意味するんだと。
F　要するにいくら降りていっても、ミクロ的なかたちでの権力は残るんだ、という発想ですよ。あなた方の場合は下へ降りていけばいくほど権力性というのが薄れていって、究極的にはなくなる。あとは人間性にまかすのだと。
H　それはあります。倫理の問題に行き着くと思います。
F　琉球民族というのは本来大らかな民族だ、ということが前提ですから。
A　非常に興味のある話ですけれど、これをもっと続けるのか……（笑）。
G　このまま続けて最終的には村内法でもつくってみましょうや、というかたちになるんじゃないの（笑）。
D　結局はどのレヴェルで議論を展開するかというところで、これまでフラフラしているわけだよね。
C　そういうことです。基本的な視点が定まらない限り、憲法というのはできないということですよ（笑）。

B　だから、今回は視点のちがう二つの「私案」をそのまま提出してもらうが、さっき話したように、ひきつづきより多くの人の参加も求めて、キチッとした「憲法」づくりをしよう。長時間ご苦労さんでした。

（一九八一年四月二十五日）

編者あとがき

仲宗根勇

二〇二二年二月二四日、プーチン・ロシアが始めた隣国ウクライナへの軍事侵略がもたらした目をそむけたくなるような惨状は日増しに広がっている。空爆や砲撃で集合住宅や公共施設は崩れ落ちて瓦礫の山と化し、破壊され黒こげの自動車は原形を留めていない。四〇〇〇万人以上の市民が余儀なく国外に避難し、欧米のメディアが伝える廃墟となった灰色の町の光景はまるで戦争映画の凄惨な戦場シーンのようだ。

ウクライナの首都キーウ（キエフ）の近郊の町ブチャでは後ろ手に縛られ路上に放置された遺体など多数の死体が確認された。ウクライナ当局は、ロシア軍による民間人の虐殺や拷問によるものとし、キーウ州ボロディアンカでもブチャを上回る被害が確認された。

ロシア軍の拷問・性的暴力・銃殺などブチャなどでの「大虐殺」が「戦争犯罪」や「人道に対する罪」などにあたるとする証拠や証言がメディアによって多く伝えられている。

しかし、ロシア国防省は惨状はウクライナの捏造だとして関与を否定し、ラブロフ外相もこれらの事実はフェイクだと切り捨てていた。政府による刑罰を伴う情報・言論の統制と国営放送を通じて流される嘘のプロパガンダを拡散して、ロシア国民の目から戦争目的とウクライナ破壊の戦場の実態を隠蔽し、戦争犯罪人プーチンが核攻撃で欧米を威嚇する事態に対しても、NATO諸国などが制裁措置をとるだけで、国際機関である国連は機能していない現状が、現在の国際機関の本質的限界を示している。四月五日の国連安全保障理事会の緊急会合の冒頭、オンライン演説をしたウクライナのゼレンスキー大統領は、ブチャなどでの民間人殺害を戦争犯罪だと批難し、平和維持を担う国連の機能不全を指摘していた。

通信・郵便・海事などについて世界の主権国家が相互に協力しあう必要性から始まった国際機関は、第一次世界大戦後の国際連盟から第二次世界大戦前後に始まる核時代に至り運命共同体の人類の生存・平和を求めて、戦争を違法とする国際連合へと発展してきた。

しかし、現在の国際社会は国家におけるような中央権力の存在しないアナーキーな構造体であるゆえに、国際機関は、主権国家の同意・授権の範囲内においてしか機能しえない宿命を背負っている。

私の琉球共和国憲法私（試）案では、そのような現在の国際機関の隘路を切り開くものとして「地球連合政府」という世界統治機構を構想し、誕生した琉球共和国とともに究極的には〈政府なき世界〉を理想としたものであった。

私の琉球共和国憲法私（試）案と川満信一氏の琉球共和社会憲法私（試）案の二つの憲法草案が『新沖縄文学』第四八号の特集「琉球共和国へのかけ橋」に併載された経緯について、編集長としてその特集を企画し執筆者の選定・依頼などを担当した新川明氏が、「「『琉球共和国』夢譚」再論」

で詳細な検討を加えられている。同時に同特集に掲載された「『憲法草案』への視座」という匿名座談会の出席者八名の名前も初めて公開された。発行元の沖縄タイムス社の承諾を得て、座談会の抄録を本書に掲載することができたことは本書出版のひとつの快事となった。記して沖縄タイムス社に感謝申し上げたい。

四〇年以上も前のデータに基づく難儀な作業を厭わず、間違った事実が伝播される〈歴史の誤謬〉を寸分も許さない、氏の歴史に対する誠実な学的姿勢と当事者としての責任感にはただただ敬意を表するものである。読者は、その新川論文により〈歴史的事実〉というものの深淵の厳しさを改めて認識させられることだろう。

新川氏は二〇一五年一月に発行された批評誌『N27』に掲載された「『琉球共和国』夢譚」のなかで、「自立論や独立論を取り組む必須の関門として」仲宗根私案の再考が求められると提起された。そのことは本書出版を決断する私への励ましともなった。

本書の出版企画の提案を未來社から受けながら、本論で書いたような諸般の事情により一度出版を断念し関係者を失望させた。それから長い年月が流れ、私に本書出版の意志を改めて奮い立たせた決定的な契機となったのは、季刊『未来』（二〇二一年夏号）に掲載された仲里効氏の論考「残余の夢、夢の回流7――『遺書』と『困民』とマンガタミー（仲宗根勇論）」の緻密な論理と圧倒的な説得力に遭遇したことであった。そのなかで、仲里氏は、半世紀以上前からのさまざまな拙論を丹念に探索し、「仲宗根よりも仲宗根的」に拙論のなかの私の〈無意識〉を手繰り寄せ、〈意識〉として取り出して、縦横無尽に天馬空を行くがごとくに分析し関連づけ、私の憲法構想に至る道程を見事に開示して見せた。そして、私案の特徴に触れつつ、私案を「〈反復帰〉論を構成的力能に結像させた稀有な達成」とみなしたのだった。

さらに、仲里氏は、本書の「発見された“constitution”——可視と不可視の〈あいだ〉の共和国」において、ハンナ・アーレントのいう“constitution”の多義性を前提にして、「仲宗根の言論史をたどって見れば、構成する行為／構成された政治体は来たるべきものとして予告されていたことに気づかされる。」とし、「『琉球共和国憲法私（試）案』が発表される六年前の一九七五年に、『新沖縄文学』二七号に仲宗根勇が寄せた『理念なき闘い』のなか、（中略）すでにしてそこには創設行為と来たるべき憲法の原案が書き込まれているのに驚かされる。」と具体的に両者に共通の文言を引いて書いている。草案起草の際、私自身がそこまで意識的に書いたとは記憶にないが、『琉球共和国憲法私（試）案』そのものについて本書のなかでもっとも深く多角的に論究した仲里氏の論考に気づかされ教示されることが多いものであった。

予想される「復帰五〇年」の国・県の祝賀プロジェクトの反動的潮流に抗する紙礫《つぶて》ともなる〈「復帰五〇年」の反復帰論〉の意図をも込め執筆依頼した新川明、三木健、上村忠男、田中康博の著名な四氏から、それぞれの視覚から琉球共和国憲法私（試）案に対する熱い思いをこめた玉稿を期限までに拝受できたことはうれしい限りだった。

三木氏の「『オキネシア』から『琉球共和国』への旅」は、島尾敏雄が独特な意味を込めて日本列島を総称した「ヤポネシア」に対し、琉球弧の島々の総称として氏が造語した「オキネシア」から出発し、一九五〇年代の故郷八重山での思い出や大学時代や琉球新報の記者時代の自分史と取材経験を語りながら、新聞企画「世界のウチナーンチュ」を発見する過程を描き、今年十月三十日の「第七回世界のウチナーンチュ大会」に情熱を注ぐ意欲を見せる。氏の人格と同じように柔らかな筆致で書かれた三木氏の名著「聞書西表炭坑――埋もれた島の民衆史」(三一書房、一九八二年)を感動して一気に読んだ記憶があり、その他の多くの氏の著作から教えられることが多かった。本書の氏の論考にも憲法草案が発した波動のひとつとして、目を開かれた思いだ。

上村忠男氏は、すでに私の憲法草案を取り上げた「困民主義革命」という題名での文章を氏の著書のなかで発表されていた。それゆえに、今回の原稿依頼には若干の戸惑いを感じられたのではないか。思想史学の学者にして物書きである以上、二番煎じになりかねない文章を書くことを肯んじることはできないはずだから。だが、上村氏は、すでに書いた「困民主義革命」の視野を広げ、憲法草案の外延に広がる論争などに対しても自らの見解を述べている。二番煎じではない新たな「琉球共和国憲法F私(試)案をめぐる覚え書き」を提示していただいたことに感謝したい。

激動の一九六〇年の駒場の空気を期せずしてともに吸った上村氏は、本郷へは進まず、教養学科で駒場に残ったというのであるから、私とは袖触れ合う縁もなかっただろう。まして氏が「六〇年以降も『革命』の夢を追い求め」ており、東アジア反日武装戦線の思想と行動を詳細に探究し、なお宿題としているほどの氏と私との乖離は大きい。したがって、私に東アジア反日武装戦線の思想と行動について問われても、私流のオトシマエとして、「こちとらにかかわりのないことでござんす」と答えるしかない。

今年四月発行の雑誌『越境広場』一〇号「総特集『復帰』五〇年　未完の問いを開く」の企画の

ひとつとして、田中康博氏と私は往復書簡を交わしあったばかりだった。

田仲氏は、他に依頼原稿を抱えるご多忙のなか、力のこもった論考で本書に一段と重みを与えていただいた。自衛隊の風景化など「復帰」は占領を終わらせず別の形の占領を呼び寄せてしまったと氏は嘆く。やりたいほうだいの提供区域外での米軍の演習への怒りから、沖縄に日常と呼べるほどのものは存在しないと喝破し、「復帰五〇年」の現在、「復帰」はなお継続していると考える。長い外国生活から帰郷して本格的に出会った「『反復帰論』は、言葉をめぐる闘争に挑む際に携えるべき地図のようなものだ」と評価する。そして、『反復帰論』もその使命を終えてはいません。」と書かれた往信に私はたいそう励まされた。

四名の論者によって私の憲法草案が深く読み込まれ、解釈され、意味づけられたことにより、未来の琉球共和国への道標が垣間見えてきたことに心から感謝したい。

未來社社長西谷能英氏には、長い間辛抱強くお待ちいただいたうえに、今回もまた尋常ならざるお骨折りをいただいた。深甚なる謝意を申し上げたい。

沖縄「再併合」＝「復帰」五〇年目の「日沖祝賀祭」を前にして　二〇二二年四月

＊

仲里　効

このごろ、しきりにひとつの歌が気になりはじめている。正確にいえば、憂いと憤怒と哀しみの感情が複合した声に運ばれ、一度聴いたらなかなか忘れがたい歌詞のことである。「駆け抜けていく時にブラ下がり／心の中　さまよっていた／想い出は遠くはるかすぎて／サヨナラだけの時の陽射しだけが……」から次のようなリフレーンにはさんで表出された主調はこうなっている。

お〻何処へ行くオキナワンボーイ
　美しかったものは泥だらけ
お〻何処へ行くオキナワンボーイ
　夢まで用意されていたのさ

知念良吉の「何処へ行くオキナワンボーイ」である。一九九四年のアルバム『オキナワンボーイの憂鬱』に収められているが、作られたのは八〇年代と思われ、「復帰」という名の併合とその後一〇年余の日本「本土」との一体化や系列化で敷き均されていく沖縄の社会的風景への痛みをともなった喪失感、そして〈どこから、どこへ〉という来し方と行く末を避けられず案じてしまう心模様が描きあげられている。転換期をくぐってきた沖縄の戦後世代の心の地図といえばいえようか。とりわけ忘れがたいのは「夢まで用意されていたのさ」という一節である。ここでの用意された「夢」とは、アメリカ統治下からの脱出を「祖国」とみなした日本へ託した「夢」の末路のことであった。

その「夢」は一九六九年の日米共同声明での沖縄返還を梃子にしたアジア再編と日米共同管理体制へと転換した統治戦略の仕様に回収されたことの換喩にもなっていた。つまり、日本復帰とは〝用意された夢〟であり、縫い合わされた痛みや怒りや哀しみはそのことを再認識したことからの憂愁に翳っていく感情の波立ちだと見なすことができるだろう。

この歌は、「復帰」一〇年目の一九八一年に仲宗根勇さんによる「琉球共和国憲法試（私）案」と川満信一さんによる「琉球共和社会憲法試（私）案」が自立的に結果させた、もうひとつの〈夢＝ラディックス〉をあらためて思い起こさせる。なぜなら、二つの憲法構想は、日米両国家の仕様に回収される以外なかった「夢」の虚妄にノンを立てた〈反復帰論〉という名の思想行為によって異貌の「夢」を架ける大胆にして越境的な試みであったからである。この島々の時間軸と空間軸を世界視線で組成し直し、より根源的に、より遠くまで解き放っていく、そんな不穏な創設行為でもあった。言葉を換えて言い直せば、この二つの憲法案はまぎれもない、〈反復帰論〉を構成的力能として転成させたものであった。憲法の基体を〈国家〉にするか〈社会〉にするか、〈国家〉にするにしても廃絶を装填した過渡期を介在させるか、過渡期さえも〈国家〉をとらないことの違いからくる鋭い対抗と相互異化はあるものの、沖縄の戦後思想の到達点を印すことにおいて違いはなかった。それゆえに、後続世代にとっては避けては通れない思想資源となった。「ここを簡単に通り過ぎてはいけない」という声となり、問い、試し続けてもきた。

だからこそ、二〇一四年の『琉球共和社会憲法の潜勢力』を編んだときの問題意識は、その〝先〟が当然のこととして視野のなかにあった。だが、仲宗根勇さんに躊躇するものがあり、ゴーサインまでには至らなかった。とはいえ、『潜勢力』の編者の一人としての私の思いは変わらなかった。それどころかその思いは時とともに止みようもなく倍音となって膨らんでいった。二〇二〇年から『季刊 未来』での連載の機会を得た「残余の夢、夢の回流」の七回目で、仲宗根勇論として書いた〈「遺書」と「困民」とマンガタミー〉は、そんな呼びかけをひそませたつもりであった。幸いにして仲宗根さんは後続する世代の独りよがりな願いに、惻隠の情をもって応えてくれた。

そして、仲宗根さんとの共編で『琉球共和国憲法の喚起力』となって、一九七二年の「復帰」という名の併合から五〇年目に、複数の視座で再読され、新たな波動をともなってよみがえらせることができた。国家に帰一することで解放されることを夢見た倒錯との激烈な格闘から、ポスト復帰の時空に架橋した二つの憲法構想は、『潜勢力』として、さらに八年後に『喚起力』となって提示される。創設の基体を異にするとはいえ、不即不離の関係をなす力能の再提示と読み直しは、比較の眼にさらされ、相互に参照し合い、ときにスパークしながらも、琉球弧が世界を獲得し、自立していくための根拠を錬成していくことになるはずである。来たるべき生成のための磁場をつくること、ここに二つの論集を二人の起草者とともに共編に加えてもらったことの私なりの意図があった。先行する二つの独創的な個性の背中を追ってきた後続する世代の冥利というものだろう。

それにしても、と思う。この島々の転形期の時代精神の深みには〈どこから来て、どこへ行くのか〉という声が影の言語のようにゆらめいている。大国に翻弄され、いくつもの世替わりを経験したことにもよるだろう。「何処へ行くオキナワンボーイ」もそうだが、サンフランシスコ講和条約が締結され、この弧状の群島の命運が決定されようとする直前、山之口貘もまた「琉球よ／沖縄よ／こんどはどこへ行くというのだ」と問いかけた「沖縄よどこへ行く」という詩を書いて行く末を案じた。「復帰」五〇年のいま、知念良吉のように、山之口貘のように問いかけている自分に気づかされ、いまさらのようにこの島々の受苦と世替わりの深層を思い知らされる。

『琉球共和国憲法の喚起力』は、こうした〈どこから、どこへ〉に対する根源的な応答となるであろう。〝用意された夢〟の廃墟を掻いくぐり、泥だらけの哀しみの果てから〈いま〉に呼びかける〝力の思想〟として。あらためてこの構成的力能に独自な視点で光をあててくれた論者のみなさん、そして時が熟するのを忍耐強く見守ってくれた西谷能英社長に対し、心からの感謝の意を表します。

二〇二二年四月一〇日

■執筆者紹介

仲宗根勇（なかそね・いさむ）
1941年、沖縄県うるま市生まれ。東京大学法学部卒。元東京簡易裁判所裁判官。定年退官後、帰郷。辺野古新基地反対闘争の現場に立つ。「うるま市具志川９条の会」「うるま市島ぐるみ会議」各共同代表。主要著書――『沖縄少数派』1981年、三一書房、『沖縄差別と闘う』2014年、未來社、『聞け！オキナワの声』2015年、未来社、ほか。

仲里効（なかざと・いさお）
1947年、沖縄南大東島生まれ。法政大学卒。雑誌「EDGE」編集長を経て、映像・文化批評家。主要著書――『ラウンド・ボーダー』2002年、APO、『オキナワ、イメージの縁』2007年、『眼は巡歴する』2015年、『遊撃とボーダー』2020年、以上未來社、ほか。

新川明（あらかわ・あきら）
1931年、沖縄県立博物館・美術館嘉手納町生まれ。琉球大学中退。1955年、沖縄タイムス入社。『沖縄大百科事典』刊行事務局長、編集局長、社長。主要著書――『反国家の兇区』1971年、現代評論社、『新南島風土記』1978年、大和書房、『沖縄・統合と反逆』2000年、筑摩書房、ほか。

三木健（みき・たけし）
1940年、石垣島生まれ。明治大学政経学部卒、同年琉球新報社入社。東京支社報道部、本社政経部、文化部、論説委員などを経て副社長で定年退職。主要著書――『西表炭坑概史』1976年、『八重山近代民衆史』1980年、『オキネシア文化論』1988年、『沖縄・脱和の時代』1992年、『空白の移民史』2017年、ほか。編著に『沖縄と色川大吉』2021年。

上村忠男（うえむら・ただお）
1941年、兵庫県生まれ。東京大学大学院社会学研究科国際関係論専門課程修士課程修了。思想史専攻。東京外国語大学名誉教授。主要著書――『歴史的理性の批判のために』2002年、岩波書店、『グラムシ　獄舎の思想』2005年、青土社、『ヴィーコ論集成』2017年、みすず書房、ほか多数。

田仲康博（たなか・やすひろ）
1954年、沖縄具志川市生まれ。ウィスコンシン大学大学院終了（社会学博士）。作家、批評家。元国際基督教大学教授。主要著書――『風景の裂け目』2010年、『時代を聞く』2012年、『占領者のまなざし』2013年、以上せりか書房、『建築家ヴォーリズの「夢」』2018年、勉誠出版、ほか多数。

琉球共和国憲法の喚起力

発行――二〇二二年五月十五日　初版第一刷発行
定価――本体二八〇〇円＋税
編　者――仲宗根勇・仲里効
発行者――西谷能英
発行所――株式会社　未來社
東京都世田谷区船橋一―一八―九
電話　〇三―六四三二―六二八一
http://www.miraisha.co.jp/
email:info@miraisha.co.jp
振替〇〇一七〇―三―八七三八五
印刷・製本――萩原印刷
ISBN978-4-624-01199-4 C0010

仲里効著
悲しき亜言語帯
〔沖縄・交差する植民地主義〕沖縄の言説シーンにひそむ言語植民地状態をあぶり出す。ウチナーンチュ自身によるポストコロニアルな沖縄文学批評集。

二八〇〇円

仲里効著
フォトネシア
〔眼の回帰線・沖縄〕比嘉康雄、比嘉豊光、平敷兼七、平良孝七、東松照明、中平卓馬の南島への熱きまなざしを通して、激動の戦後沖縄を問う。沖縄発の本格的写真家論。

二六〇〇円

仲里効著
オキナワ、イメージの縁（エッジ）
森口豁、笠原和夫、大島渚、東陽一、今村昌平、高嶺剛の映像やテキスト等を媒介に、沖縄の戦後的な抵抗のありようを鮮やかに描き出す〈反復帰〉の精神譜。

二二〇〇円

岡本恵徳著
「沖縄」に生きる思想
〔岡本恵徳批評集〕記憶の命脈を再発見する——。近現代沖縄文学研究者にして、運動の現場から発信し続けた思想家の半世紀にわたる思考の軌跡をたどる単行本未収録批評集。

三二〇〇円

知念ウシ著
シランフーナー（知らんふり）の暴力
〔知念ウシ政治発言集〕日米両政府の対沖縄政策・基地対策の無責任さや拙劣さにたいして厳しい批判的論陣を張り、意識的無意識的に同調する日本人の政治性・暴力性を暴き出す。

二二〇〇円

知念ウシ・與儀秀武・後田多敦・桃原一彦著
闘争する境界
〔復帰後世代の沖縄からの報告〕ケヴィン・メアや沖縄防衛局長（当時）の暴言、基地問題や沖縄の政治状況をめぐり、各執筆者の多様な視点から沖縄の反応を突きつける。

一八〇〇円

知念・與儀・桃原・赤嶺著
沖縄、脱植民地への胎動
PR誌「未来」連載「沖縄からの報告」二〇一二年から二〇一四年までを収録。普天間基地問題、竹富町教科書問題などを批判し、沖縄の「脱植民地」をめざす思索と実践を報告する。二二〇〇円

喜納昌吉著
沖縄の自己決定権
〔地球の涙に虹がかかるまで〕迷走する普天間基地移設問題に「平和の哲学」をもって挑みつづける氏が、沖縄独立をも視野に入れ、国連を中心とする人類共生のヴィジョンを訴える。一四〇〇円

高良勉著
魂振り
〔沖縄文化・芸術論〕著者独自の論点である〈文化遺伝子論〉を軸に沖縄と日本、少数民族との関係、また東アジア各国において琉球人のありかたについても考察を加えた一冊。二八〇〇円

高良勉著
言振り
〔琉球弧からの詩・文学論〕山之口貘をはじめとする琉球の主要詩人・歌人たちの紹介、批評と評論を中心に、琉球と関係の深い現代詩人や作家を琉球との関係において論評する。二八〇〇円

西谷修・仲里効編
沖縄／暴力論
琉球処分、「集団自決」、「日本復帰」、そして観光事業、経済開発、大江・岩波裁判……。沖縄と本土との境界線で軋みつづける「暴力」を読み解く緊張を孕む白熱した議論。現代暴力批判論。二四〇〇円

上村忠男編
沖縄の記憶／日本の歴史
近代日本における国民的アイデンティティ形成の過程において、「沖縄」「琉球」の記憶＝イメージがどのように動員されたのか、ウチナーとヤマトの気鋭の論者十二名が徹底的に議論。二二〇〇円